La Haine
dans les yeux

David Le Bars

Avec la collaboration de Frédéric Ploquin

La Haine dans les yeux

Albin Michel

Les dix ans où tout a basculé

La haine est au coin de la rue. Elle a envahi notre espace social. Je le constate tous les jours comme citoyen, mais en tant que flic, j'ai le privilège, si j'ose dire, d'être aux premières loges. Je suis devenu policier en 1994, voilà un quart de siècle. Le métier a toujours été exposé, mais jamais nous n'avions atteint le niveau de violence que subissent aujourd'hui les forces de l'ordre. La haine de l'uniforme semble à la mode chez une certaine élite comme dans les couches les plus populaires du pays. La détestation du flic est l'une des formes les plus partagées de la haine contemporaine. Chacun d'entre vous en a forcément été un jour le témoin, sur un quai de métro ou un bout de trottoir, peut-être même dans sa propre cage d'escalier. La haine se répand telle une tache d'huile !

En entrant dans la police, je savais exactement ce que je voulais faire : du terrain, du « saute-dessus » comme on dit dans notre jargon. À vingt-quatre ans, le grade, la carrière n'étaient pas mes priorités. À la sortie de l'école, devenu officier, j'ai été affecté dans une brigade des stupéfiants. Mon rêve. J'ai aimé les planques. Je me suis pris au jeu des perquisitions, avec un attrait particulier pour le moment où on démonte le lambris dans l'appartement d'un trafiquant pour découvrir son magot. Cette période, où je me suis confronté aux réalités opérationnelles, a fait de moi le commissaire que je suis devenu cinq ans plus tard. Être détesté des voyous, cela m'a semblé tout de suite naturel, dans la mesure où on leur porte des coups. Leur haine signifie qu'on a visé juste, elle peut donc être perçue comme un honneur. Et même comme une source de satisfaction. En revanche, ressentir la haine de nos concitoyens pour la police dès la première intervention est tout simplement insupportable.

À quel moment cela a-t-il basculé ? Pourquoi ? Est-ce l'action des délinquants ? De la société ? Portons-nous, policiers, une part de responsabilité dans cette flambée de haine à notre égard ? Autorité, règles, ordre, droit sont aujourd'hui contestés de toute part. Certaines minorités en ont même fait leur principal cheval de bataille. Elles pratiquent l'offensive permanente contre la police (et contre la société), faisant profession de dénoncer les « violences policières » pour nous diaboliser, alors que ce sont elles qui sont clairement à l'offensive. Tout est bon, à leurs yeux, pour fragiliser notre institution. Leur directive :

on ne recule plus devant les forces de l'ordre, on les attaque. Pointe avancée du combat contre la police, elles rivalisent avec cette nébuleuse active et bruyante, ancrée à l'extrême gauche, qui conteste de plus en plus violemment l'existence même de la police, et plus seulement ce qu'elle représente ou incarne.

Cette frange hostile, plus ou moins structurée idéologiquement, s'est subitement élargie à l'occasion du mouvement des « gilets jaunes », entraînant avec elle au cours de l'hiver 2018 une partie de la population, radicalisée à la faveur de leur première manifestation non déclarée. Pour ces primo-manifestants, dépourvus parfois de toute culture politique, se frotter durement à la police s'est imposé comme une évidence, mais aussi comme un plaisir. Et la tenue de combat comme la seule qui vaille. Comme si les voyous avaient gagné à leur cause une partie de l'opinion sur une pente séditieuse. Avec le flic pour principale cible.

La France a déjà traversé des périodes où elle regardait ses policiers de travers, notamment dans l'après-Mai 68, mais du désamour à la haine, il y avait un pas qui vient d'être franchi. Il y a dix ans, il arrivait que l'on taise son métier de flic pour ne pas être dérangé par une réflexion du genre : « Ah ! t'es flic ! Eh ben ça tombe bien, je me suis fait arrêter la semaine dernière et je suis tombé sur des cons » ; c'est toujours le flic qui est con, comme par hasard, jamais le citoyen qui s'est mal comporté. Aujourd'hui, la haine s'est tellement répandue que beaucoup de policiers préfèrent ne plus évoquer leur job en public. Par prudence, on se tait. Le risque n'est plus de se faire insulter – on s'y est habitué –, mais de retrouver sa photo sur un mur, son nom sur un site internet comme celui de Copwatch[1], le premier du genre, ou son gamin menacé à l'école. Des faits malheureusement plus fréquents qu'on ne le croit. Trop fréquents.

Qui aurait imaginé que cela devienne difficile pour un policier de se loger, et pas seulement à cause du prix des loyers ? Il convient désormais d'évaluer le risque pour soi, pour son conjoint, pour ses enfants, qui doivent cacher le métier de leur père (ou mère) à leurs camarades pour éviter les ennuis. Car, oui, des policiers sont agressés dans leur vie privée. De plus en plus de territoires s'avèrent inhospitaliers, au point qu'il n'est pas prudent de dévoiler sa profession aux voisins. J'ai géré plusieurs dossiers de collègues, de tous grades, identifiés en tant que tels, qu'il a fallu déménager en urgence, parfois muter en quelques jours. Comme ce gradé menacé de mort en Seine-Saint-Denis, sa photo placardée dans une

1. Un réseau d'associations ayant pour objectif de surveiller la police et de diffuser sur Internet les images de violences exercées par les policiers.

cité, avec son nom et son prénom. Ou ces gardiens de la paix dont la voiture personnelle a été incendiée en pleine nuit, devant chez eux, habitant pourtant des petits villages, loin des banlieues. Je me souviens aussi du cas d'un officier pris en chasse à la sortie du commissariat, alors qu'il rentrait chez lui en moto. Intimidation ? Tentative d'agression ? On n'a jamais su : en prenant des risques importants, il a réussi à les semer sur l'autoroute.

Jamais, dans ma carrière, je n'ai fait usage de mon arme, même si je l'ai parfois sortie. Les anciens disaient d'ailleurs que restituer une arme qui n'avait jamais servi le jour de son départ à la retraite, c'était le signe d'une carrière sans ennuis. Aujourd'hui, il n'est pas rare de voir un stagiaire utiliser son arme en service, pas parce qu'il se prend pour un cow-boy, mais parce qu'il n'a pas le choix s'il veut se protéger. C'est à ce genre de marqueur que l'on voit le passage d'une époque à une autre.

Lorsque je plaide pour une amélioration des conditions d'exercice du métier de flic – demande sans cesse réitérée depuis des années par les syndicats et depuis peu par les associations de policiers en colère –, ce n'est pas seulement par corporatisme. Ce serait en réalité la meilleure façon de répondre à nos détracteurs, ceux qui ne respectent pas la police et la salissent, ainsi qu'aux délinquants, qui se jouent trop souvent d'une police affaiblie et chez qui le sentiment d'impunité ne cesse de se renforcer. Je le fais également en pensant aux victimes, à vous, citoyens, qui respectez les règles de la vie en société et ne comprenez pas toujours les causes de notre inaction. Ce n'est pas l'envie de lutter contre ces délits qui nous fait défaut, ce sont les moyens qui trop souvent nous manquent, tout comme parfois aussi le soutien de nos autorités, trop frileuses à notre goût.

La police est là pour protéger la population des délinquants, il n'est pas inutile de le rappeler. Si elle manque d'efficacité face aux voyous, les honnêtes gens peuvent se plaindre, à juste titre. Plus destructeur, nos faiblesses finissent par nuire à la confiance de nos concitoyens en les institutions, en la République et à leur attachement à ses valeurs. Voyant les délinquants nous narguer, souriants et moqueurs face à nous, prenant de l'assurance, toujours plus durs, le citoyen ordinaire n'accepte plus d'être sanctionné, que ce soit pour une infraction au Code de la route ou toute autre raison. Cette fragilisation du pacte social est apparue au grand jour dans la rue lors de la crise qui a secoué le pays de samedi en samedi. « Pourquoi réprimer nos manifestations alors que vous ne faites rien dans les banlieues ? » Voilà une phrase que nous avons souvent entendue lors des rassemblements des gilets jaunes. Propos dur et injuste, mais qui atteint sa cible.

Propos désabusé qui dit de façon criante le déficit de confiance d'une partie des Français à l'égard de leur police, lequel peut tourner à la défiance quand s'y ajoute le reproche de ne pas respecter certaines règles. C'est un cercle vicieux, nos échecs face aux délinquants alimentant ce rejet. Un poison au cœur de la citoyenneté.

Les flics servent facilement d'exutoire, mais derrière eux, c'est la société qui est visée. Le grand public ne se rend pas toujours compte, faute d'y être directement confronté. Pour lui, ces choses-là sont lointaines, elles se passent ailleurs, dans des banlieues où les gens ne vont pas, au cœur de manifestations auxquelles ils ne participent pas, au point qu'ils ne se sentent pas toujours concernés. Le policier, lui, se prend la haine en pleine face dès son premier stage. Un choc thermique, celui d'une réalité qu'il n'avait même pas imaginée. Notre boulot de flic a certes un effet grossissant sur les maux de la société, mais il n'en reste pas moins que nous sommes quotidiennement assaillis par la haine sous une forme ou une autre.

Ce livre fera ma fierté s'il parvient à faire évoluer le regard de quelques lecteurs sur la police et si les flics eux-mêmes sont fiers de se reconnaître en le lisant. La crise des gilets jaunes a provoqué un début de prise de conscience dans la population. En voyant l'Arc de Triomphe saccagé, les CRS se faire attaquer à coups de pavés, les grilles des Tuileries tomber, Paris en feu, comment ne pas percevoir l'imminence du danger, pas seulement pour les biens, mais aussi pour les personnes et les institutions ? Au soir de ces samedis noirs, certains ont pris la mesure de la haine et conscience qu'ils pouvaient compter sur leur police face à ces menaces, comme ils comptent sur elle après chaque attentat, guettant avec angoisse la neutralisation des terroristes.

La peur retombée, cette inédite flambée de violence oubliée, les policiers se sentent de nouveau seuls sur le front, alors que cette haine multiforme concerne tous les Français, collectivement et individuellement – et pas seulement lorsque les dégradations se déroulent sous leurs fenêtres. À part les élus du quartier, les riverains et les policiers, qui cela émeut-il que tous les soirs, ou presque, de jeunes adultes issus de l'immigration et des mineurs isolés s'écharpent à mort dans une rue du 18e arrondissement parisien, en Seine-Saint-Denis ou ailleurs ? Pas grand-monde, pourtant le fait que la rue devienne un ring à ciel ouvert n'est pas un phénomène anodin et le risque est grand de voir ce mauvais feu se propager dans l'indifférence générale. De même, on peut considérer qu'un point de vente de stupéfiants ne gêne que ceux qui habitent l'immeuble ou la cité concernée ; on peut aussi redouter, pour nous tous, le développement de ces organisations mafieuses qui véhiculent la haine des flics, en même temps que la haine de la société et de ses règles, sans compter que dans ce milieu on solde ses différends dans le sang. Pire encore, la haine des flics n'est souvent qu'une facette d'une haine plus générale, celle de la France. La France qui n'est finalement pour ces délinquants que le lieu de l'enrichissement illicite, alors que la luxure et les dépenses de leur profit sont ailleurs, en Thaïlande, à Saint-Domingue ou à Cancún au Mexique, où l'argent et le champagne coulent à flots dans des hôtels de luxe. Combien de fois ai-je entendu un de ces jeunes dealers me rire au nez en proclamant fièrement : « Moi, je ne ferai pas comme mon père, qui gagnait le SMIC ! Moi je nique la France et je fais du fric ! » Une haine qui va jusqu'à englober leurs propres parents, du moins les valeurs portées par ces derniers.

Les caïds de la drogue ont changé de braquet, eux aussi. Ils n'hésitent plus à effectuer des descentes dans les cités adverses, où ils tirent en rafales pour impressionner leurs rivaux, au risque de tuer des passants ou des flics. Les armes ne manquent pas. Quand j'ai débuté ma carrière, on n'en saisissait que chez les voyous historiques, les vieux bandits ; désormais on en trouve dans toutes les perquisitions liées au trafic de drogue. Cela n'intéresse pas grand-monde parce que cela se passe « loin » – en Seine-Saint-Denis, par exemple, mais c'est pourtant aux portes de la capitale.

« Dis donc, c'est chaud le 93, c'est quand même pas ça, ton quotidien ? » me demandait un jour mon père alors qu'il venait de regarder à la télévision la saison 6 de la série *Engrenages*, qui se déroule précisément en Seine-Saint-Denis. Et moi de lui répondre : « Papa, c'est une fiction, c'est romancé, c'est très en dessous de la réalité... » Tant qu'on ne le vit pas, on ne le sait pas. C'est pourquoi le flic est l'un des baromètres les plus fiables de la société. Cette haine des autres, doublée d'une haine du pays et de ses règles, n'est pas à prendre à la légère. Elle est dangereuse parce qu'elle nous touchera tous un jour ou l'autre. Elle est dangereuse parce qu'en 2019, des gens sont capables d'attaquer les flics juste parce qu'ils sont flics, voire de tenter de les tuer. Un islamiste radicalisé peut tuer du jour au lendemain un flic, un gendarme, un soldat, ou un civil. Il s'agit d'une menace profonde qui ne vient pas d'ailleurs ni de nulle part, mais de chez nous. Un membre du Black Bloc (nébuleuse teintée d'ultragauche) qui balance des boulons en tir tendu, des poches d'acide ou des cocktails Molotov peut lui aussi assassiner un flic – c'est d'ailleurs ce qu'il cherche. Or ils sont de plus en plus nombreux dans les manifestations, où ils s'emploient à propager leur haine.

La police et la justice ne pourront faire face seules à cette propagation. La classe politique semble empêtrée dans ses querelles, quand elle ne s'emploie pas à justifier la violence de la rue, au risque de la voir s'installer durablement. Les Français doivent être informés, sous peine de voir la société se fracturer toujours plus et de façon irrémédiable.

Le danger serait de détourner les yeux.

PREMIÈRE PARTIE

DE LA HAINE ORDINAIRE À LA HAINE DE LA RUE

La haine dans les yeux

La haine, les collègues l'ont vue à l'état brut dans les yeux du jeune braqueur qui a tiré sur Yann Saillour, un de mes gars qui travaillait au sein de la brigade anticriminalité, à Saint-Denis... Ce matin-là, le lundi 5 octobre 2015, j'assistais à la réunion de direction habituelle lorsque la salle de commandement nous informe d'un braquage en cours dans la commune de Saint-Ouen, district que je dirigeais. Le véhicule des malfaiteurs est « pris en charge » et circule vers Saint-Denis.

Cela pourrait être un fait banal, mais sur les ondes, les voix sont nerveuses, et encore plus quand est précisé que le passager du véhicule, cagoulé, a sorti une arme. Tout s'enchaîne alors à vitesse grand V. Je fonce pour me rendre sur les lieux. À la radio, j'entends que le dispositif se met en place pour coincer les auteurs du vol à main armée dans le périmètre de L'Île-

Saint-Denis, secteur d'où ils auront du mal à s'échapper.

« De TI 820, je me rapproche. » Je viens de m'annoncer lorsque la voix d'une collègue à la radio me glace le sang. Elle hurle tellement qu'elle en est presque inaudible. Un cri d'effroi. Yann vient de tomber, touché par balle.

La route est un enfer, j'arrive sur place en même temps que les secours, eux aussi freinés par les bouchons du matin. Je reconnais aussitôt Yann, que je ne croise pas si souvent parce qu'il prend son service très tôt pour lutter, notamment, contre les vols à la portière, un fléau local. Yann est couvert de sang, comme les collègues qui ont prodigué les premiers soins. Du sang ruisselle aussi sur le sol, mauvais signe, tout comme ce regard vide.

Ses collègues ne le savent pas, mais ils vont le sauver. L'un d'eux, Raphaël, a été militaire en Afghanistan ; c'est lui qui a effectué l'un des tirs de riposte et neutralisé l'assaillant. Sur le front, il a appris à traiter les blessures de guerre. Yann a deux trous dans la tête, celui par lequel la balle est entrée et celui par lequel elle est sortie. L'ancien militaire fait alors le seul geste utile : mettre un doigt dans chaque trou avec des compresses, pour qu'il ne se vide pas de son sang. Les pompiers et le Samu le relaient. Sur la chaussée gît un autre homme, de grande taille, costaud, noir, le corps criblé de balles ; c'est lui qui a tiré sur Yann. Les pompiers le prennent en charge, mais il se débat avec toutes les forces qui lui restent. Il combat encore, jusqu'au bout. Et il psalmodie, comme dans une scène de film. « Il fait ses prières », me glisse un collègue qui parle l'arabe.

Le conducteur du véhicule, lui, a été interpellé sans opposer de résistance ; il y aura au moins un homme à interroger, cela fera quand même un procès... Beaucoup de monde converge vers les lieux, des collègues venus en renfort, les secours, le préfet, le procureur, le directeur... Chacun veut prendre la mesure de l'événement. Les enquêteurs de l'IGPN (Inspection générale de la police nationale) nous rejoignent. Échange de coups de feu oblige, ils doivent saisir les armes des policiers impliqués. Je privilégie les membres de l'équipe, en état de choc. Raphaël m'inquiète, en chemisette alors qu'il fait froid. Le regard perdu, il a chaud. Je lui parle, longuement. Il n'a qu'une chose à l'esprit, les emmerdements qui menacent de s'abattre sur lui, les avocats, le procès qui s'annonce. Je le réconforte en lui rappelant qu'il n'a pas seulement neutralisé l'auteur en légitime défense, mais effectué les gestes qui vont permettre à Yann de survivre.

« Vous êtes des héros, vous avez fait du bon boulot », voilà le message que je martèle à Raphaël et aux collègues. Mais faire usage de son arme, pour un policier, c'est la crainte d'interminables tracas avec la justice, de reproches, de stress. Tout est « carré » au niveau de la scène de crime, mais il va me falloir de nombreuses semaines pour les convaincre. Nous avons beau être au mois d'octobre 2015, dix mois après l'attaque sanglante de *Charlie Hebdo*, un mois avant le Stade de France, les terrasses parisiennes et le Bataclan, le recours à l'arme reste un acte grave dans une carrière.

Et puis il y a autre chose. Même s'il a fait la guerre avant de devenir flic, Raphaël n'a jamais vu la haine d'aussi près. Il me parle des yeux du tireur aperçus dans les trous de la cagoule, de ce regard terrifiant d'inhumanité. J'ai compris ce qu'il voulait dire en échangeant avec les pompiers. Le mec avait beau être troué de balles, il continuait à insulter ceux qui tentaient de le sauver, à leur cracher sa haine au visage, alors qu'il venait de viser Yann à la tête.

Je le répète en boucle et avec certitude : sur la dizaine d'intervenants, quatre ont fait feu en parfaite légitime défense. J'insiste : « C'est carré de chez carré. » Pour autant, quelque chose vient de changer dans leur vie, et dans la nôtre en même temps. Une poursuite comme tant d'autres, par un petit matin semblable à tous les autres, avec en bout de course un serrage en tenaille plutôt bien géré, vient de s'achever par un bain de sang. L'un des braqueurs, à peine sorti de sa voiture, a visé un collègue en pleine tête. La réalité vient de nous rattraper. Le procès tranchera la question pénale ; mais du côté moral, une chose est sûre : on n'essaie pas de tuer un flic pour rien, de surcroît lorsqu'on est certain de ne pas pouvoir s'échapper. On tire comme ça parce qu'on est habité par une haine, la haine du flic. C'est la seule explication plausible. Comble de malchance, la première balle du tireur est entrée... pile dans le canon de l'arme de Yann, une probabilité infime qui a empêché notre collègue de riposter.

Le service est en vrac, le choc immense. Personne ne pouvait savoir, anticiper qu'un braqueur de bijouterie « ordinaire » mettrait un jour un point d'honneur à tirer le premier. Une veille s'organise autour de Yann, parti en urgence absolue à l'hôpital Beaujon ; elle durera jusqu'à sa sortie, le 2 novembre, date à laquelle il a été admis à l'hôpital militaire des Invalides pour sa rééducation. La polémique enfle cependant dans les rangs lorsqu'on découvre le profil du tireur, un multirécidiviste qui n'a pas réintégré sa maison d'arrêt le dimanche précédent, après une permission de sortie. Cette information passe très mal. Elle soulève la colère et soude en même temps les effectifs entre eux. On soutient Yann. On l'entoure. On sait maintenant qui est le fautif, l'ennemi : cette justice contre laquelle les policiers ont souvent la dent dure, lui reprochant d'être trop laxiste envers les voyous. Ils tiennent une nouvelle preuve, difficile de leur dire qu'ils ont tort...

La haine ordinaire

La haine ne se niche pas seulement où on l'attend, dans le regard d'un fou furieux qui a depuis longtemps tourné le dos à toute intégration dans la société. Elle peut se retrouver à tous les niveaux, dans les classes populaires, mais aussi dans les classes supérieures. Jeune commissaire, j'épaulais ce matin du mois d'octobre 2003 un huissier pour une expulsion sensible. Je déteste cette mission, comme la plupart de mes collègues, et ce que je vais découvrir ne va rien arranger. Situé au rez-de-chaussée, le petit appartement suinte l'humidité. Totalement insalubre. Une honte, d'autant que vit là une famille entière, un couple de Pakistanais et leurs trois enfants, dont le plus jeune marche à peine. Nous sommes là pour leur ordonner de quitter les lieux à la demande du propriétaire, mais le papa, cuisinier, bredouille des excuses en français. S'il n'a pas répondu à nos convocations, c'est qu'il pensait la police de mèche avec son loueur. Rassuré, il exhibe un petit carnet où il a consigné tous les versements qu'il a effectués, en espèces, à chaque fois à une adresse différente. Sans doute soucieux de vendre son bien à un promoteur immobilier, le propriétaire avait argué de loyers impayés. Selon toute vraisemblance, il nous avait menti.

Cela ne se fait jamais, mais j'ai cette fois-ci refusé de procéder à l'expulsion. Invoquant un risque de troubles à l'ordre public, j'ai demandé à l'huissier d'interrompre la procédure et de quitter les lieux. Même si je n'avais pas trouvé de motif valable dans les textes, j'aurais pris cette décision, quitte à encourir des ennuis administratifs. Et je suis allé plus loin : j'ai suggéré à la famille d'arrêter de payer les loyers en liquide. Je leur ai surtout donné quitus pour se maintenir dans les murs durant les six mois suivants, le temps de laisser passer l'hiver et de trouver un nouveau logement ; incrédule, le père de famille m'a longuement serré la main en signe de reconnaissance.

J'ai vu la haine dans les yeux de ce propriétaire indélicat, pour ne pas dire véreux, issu d'une « grande » famille, au moment où il a franchi la porte de mon bureau, au commissariat, accompagné de l'avocat qui avait fait le siège du secrétariat pour que je le reçoive. Aussi prétentieux l'un que l'autre, ils en sont rapidement venus aux intimidations. Je les ai laissés faire et je n'ai pas été déçu. L'avocat a proclamé qu'il pouvait me poursuivre pour faute, le rentier a quant à lui certifié qu'il connaissait personnellement le préfet, laissant entendre qu'il avait des relations. Ils se sentaient supérieurs, forts, chez eux, alors qu'ils étaient dans mon bureau. Jusqu'au moment où j'ai sorti d'un tiroir les carnets de notes du père de famille, qui avait tout archivé scrupuleusement, ainsi que des photos des jeunes enfants en train de jouer dans le taudis. J'ai prononcé les mots qui fâchent, « logement insalubre », « marchand de sommeil », « voleur », « menteur ». L'avocat, professionnel, s'est figé. Le loueur est devenu blême ; toujours cette haine dans les yeux, mais cette fois, je n'étais pas mécontent de l'avoir provoquée. J'ai fini par les sortir de mon bureau comme je ne l'ai pas souvent fait dans ma carrière.

La haine prend facilement le visage du mépris et surgit à tout moment dans la vie d'un flic. Le grand classique, c'est l'automobiliste qui vous crache cette phrase truffée de stéréotypes, les yeux parfois exorbités : « Vous n'avez que ça à foutre, arrêter les honnêtes gens ? » Version non censurée : « Vous n'avez pas de la racaille à arrêter en banlieue, au lieu de nous faire chier ? » Sous-entendu, la police devrait se désintéresser des citoyens « ordinaires », même lorsqu'ils commettent une infraction. Elle devrait rester concentrée sur les voyous – ce qu'à leurs yeux elle fait mal – et laisser les bons bourgeois téléphoner en conduisant ou rouler sur les voies réservées aux bus. Une posture qui traduit un sentiment de classe, comme si les flics, gens du peuple, devaient se contenter de faire respecter la loi chez les gens du peuple.

Cette contestation récurrente de notre travail renvoie aussi à une certaine perception de l'impunité. À tort ou à raison, des gens considèrent que la justice n'est pas assez sévère avec les uns ou les autres. Ils finissent par établir une forme de gradation selon laquelle leurs propres infractions ne mériteraient pas de sanction, puisque d'autres passent à travers pour des faits à leurs yeux plus graves. Une porte ouverte à la transgression, le « petit » flic devenant un empêcheur de braver la loi sans entraves.

Combien de fois suis-je tombé sur un conducteur exigeant et odieux qui considérait qu'une interdiction de passage ne pouvait pas s'adresser à lui ? Cela m'est encore arrivé à Paris, lors d'une manifestation assez difficile à cadrer, alors que j'étais à la tête de la compagnie de sécurisation et d'intervention à Paris. L'automobiliste voulait franchir l'un de nos barrages. Visiblement inapte à entendre nos explications, il est remonté dans sa voiture et, au lieu de faire demi-tour, a tenté de passer en force. Le voilà qui pousse les barrières avec son parechoc, intimide les policiers en appuyant sur l'accélérateur et en les mettant en danger. Il a fini par être interpellé, mais il a fallu l'arracher de sa voiture, alors qu'il fulminait en se cramponnant à son volant, moteur tournant. Ce genre d'incident, on l'a vu se multiplier durant la crise des gilets jaunes, l'exaspération virant facilement à la haine et au refus des injonctions de la police. Un mal typiquement français, à en croire mes collègues anglais, américains ou allemands, chez qui la police est, au choix, crainte ou respectée, parfois les deux. En guise de cerise sur le gâteau, ce boulanger qui, lors d'une manifestation de gilets jaunes, a refusé de laisser un policier entrer dans son commerce pour acheter de quoi se nourrir. Une exception peut-être, mais une exception écœurante.

Typiquement français, encore, ce mépris affiché par les cadres d'une grande entreprise nationale, la SNCF, m'enjoignant de faire évacuer les manifestants de la CGT qui avaient envahi le siège de l'entreprise à la Plaine Saint-Denis. J'ai refusé, arguant qu'ils étaient entrés dans l'immeuble avec leur badge d'accès à la cantine et que leur comportement était plutôt bon enfant, hormis une vitre accidentellement fissurée. Très hautains avec moi, ils exigeaient que la police entre, expulse et interpelle ces syndicalistes. Le tout sur un ton déplaisant, me faisant comprendre que je ne pesais rien, dans la mesure où il leur suffirait de passer par-dessus mon épaule pour s'adresser à l'échelon supérieur. Je me rappelle un échange musclé avec l'opérateur radio, qui répétait sans cesse : « TI 820, vos instructions sont les suivantes : vous interpellez les intrus qui ont par ailleurs commis des dégradations. » Et moi de répondre : « Négatif, je n'interpelle pas, la situation est calme. » Obligé de me justifier en fin de journée – ce que j'ai refusé de faire –, j'aurais pointé un doigt accusateur sur ceux qui abusent de leur réseau pour faire pression sur nous, et sur ceux qui ont aveuglément validé la version de la SNCF.

Lorsqu'on est commissaire, on voit défiler tout un tas de gens, des élus, des responsables associatifs, des riverains, des commerçants. On est au cœur de la cité et nombre de nos visiteurs viennent se plaindre de l'action de la police, demander une faveur, ou les deux. Ils ne ciblent jamais le commissaire lui-même, mais ses policiers : « Vous, monsieur le commissaire, vous pouvez comprendre, vous avez fait des études, mais sachez que vos flics… » Quand ils commencent comme ça, je sais où ils veulent en venir. Certains sont plus habiles que d'autres et avancent en douceur, l'air de rien, d'autres sont plus directs et affichent leur mépris pour les flics, mais au fond, ce sont les mêmes. L'avantage avec les seconds, c'est qu'on les expédie plus vite. Pour ma part, j'ai rarement déjugé mes effectifs, sauf dans les cas où la faute était avérée ou le comportement inapproprié, ce qui peut arriver et nécessite de saisir les services réservés à cet effet.

Bien sûr, il y a des exceptions et il m'arrive de devoir balayer devant ma porte. Comme avec ce policier qui verbalisait plus vite que son ombre, qu'on appelait « Verbalizator ». Son plaisir consistait à préparer minutieusement des souches de timbres-amende avant sa vacation, au point qu'il faisait les chiffres du commissariat à lui tout seul. Un jour, je gare quelques instants ma voiture de service devant le pressing, feux de détresse allumés ; le temps de récupérer mes costumes, j'avais un PV sur le pare-brise. Je suis resté sidéré par sa vitesse d'exécution. « La loi, c'est la loi », s'est-il justifié. Il m'a refait le coup lors d'une réunion de quartier, dont il a verbalisé tous les participants, manquant encore du discernement nécessaire à l'exercice de sa fonction. J'ai décidé de le convoquer en présence d'un officier, où il s'est perdu dans de verbeuses explications. J'ai hésité entre le médecin-chef et le conseil de discipline, avant d'opter pour les soins. Des riverains avaient monté une pétition. J'ai compris l'image déplorable que pouvait véhiculer un flic à lui tout seul. Heureusement ces spécimens restent rares dans la maison...

Certains croient qu'en s'adressant au commissaire, ils parlent à l'un de leur semblable, notable comme eux, et qu'il sera automatiquement dans leur camp. Il importe de rester sur ses gardes. Un cadeau, une place de spectacle, une invitation au stade, rien n'est jamais gratuit ni innocent. Cela flirte encore avec le mépris de classe, cette façon de croire que l'on va éviter la police, la contrer en obtenant la transformation de la sanction en indulgence, le tout en achetant les faveurs du chef.

Lors d'un contrôle routier, si la personne reconnaît son erreur, on peut se montrer compréhensif. Le conducteur repart ainsi avec une meilleure perception de la police. Mais ces moments sont rares et la mauvaise foi souvent monumentale. « Je m'en fous ! » ; « Je suis pressé ! » ; « Je peux téléphoner au volant, il y a plus grave dans la vie »... Voilà un petit florilège de ce que l'on entend quotidiennement. Aux États-Unis, on ne parlemente pas. Sans avoir le temps de broncher, le contrevenant doit mettre les mains sur le volant ; en France, le respect n'est pas toujours inné, c'est le moins qu'on puisse dire. J'ai même vécu une course poursuite d'une demi-heure à la fin de laquelle le gars s'est permis de nous engueuler ! Comme un ultime défi.

L'un des pires moments de ma carrière, de ce point de vue, remonte à l'époque où j'étais en poste dans l'ouest parisien, entre Saint-Cloud et Marne-la-Coquette, lieu d'ancrage de la grande bourgeoisie. Combien de fois des gens se sont-ils présentés à l'accueil en exigeant de voir le commissaire, qu'ils disaient connaître ! Si je répondais que je ne connaissais pas la personne, le visiteur faisait un scandale. Comme si la police, sous prétexte que ces gens payent des impôts, devait être à leur disposition.

Ce mépris de classe, il m'est arrivé de le retrouver jusque chez moi, le jour où j'avais invité à dîner un chef d'entreprise que j'avais connu lors d'un cambriolage. La première phrase que prononce son épouse alors que commence la soirée jette un froid. « Je déteste les flics », balance-t-elle. Sourire gêné de mon ami, qui me dit que sa femme est un peu radicale et qu'elle exagère. Elle se détend vite, après avoir expliqué que les flics « ne foutent rien sauf [la] faire chier ». Un grand classique, fruit d'années de médisance et d'images simplistes présentant le flic comme un type casqué qui tape fort, limite fasciste, qui torture dans les commissariats, surtout les étrangers, qui ne vient pas quand on l'appelle, qui s'amuse à tirer dans la gueule des manifestants, et prétend vous imputer une infraction, quel culot !

La haine des voyous

Loin de cette haine aussi ordinaire qu'insupportable, celle, plus attendue, pour ainsi dire programmée, des professionnels du crime, a le mérite de ne pas nous cueillir à froid... Nous avions monté un très beau dossier et identifié une famille de braqueurs reconvertis dans les stupéfiants. Jeune officier dans les Yvelines, j'avais tout juste vingt-cinq ans et, devant la porte du pavillon, à 6 heures du matin, j'ai ressenti la même chose qu'à l'heure du coup d'envoi du match, sur un terrain de rugby : cette adrénaline qui monte, le cœur qui bat, les jambes qui flageolent, le stress avant le combat. Nous allions défoncer la porte à l'aide d'un bélier artisanal avant d'entrer en force, armés, pour neutraliser plusieurs mecs dangereux, des frères qui brassaient le cannabis par centaines de kilos. Objectif : leur laisser le moins de temps possible pour échafauder la moindre réaction. Avec nos gilets pare-balles sur le dos, sans l'appui d'aucune unité spécialisée – en 1995 on s'en passait.

Comment allaient réagir les intervenants ? Dans ces instants-là, on joue sa vie, ou celle de l'autre.

On s'épaule, on se fait confiance entre nous, ce qui renforce nos liens. Il y a nécessairement quelque chose de jouissif à voir couronné de succès un long travail d'investigation effectué en équipe.

La porte a volé, puis on a investi les lieux, deux par deux. Cela a duré quelques secondes. Mon « objectif », l'aîné de la fratrie, s'est pris mes quatre-vingt-dix kilos sur le dos. Nous l'avons menotté d'autant plus virilement que mon binôme avait aperçu un calibre sous son oreiller, que le gars n'a pu ou voulu attraper – on ne le saura jamais. Le mieux était de ne pas lui laisser le temps de réfléchir. Comme tous les occupants de l'appartement, femmes comprises, il s'est retrouvé menotté au milieu du salon, assis à même la moquette, seule façon pour nous de figer la situation. Les autres le regardaient curieusement, j'ai compris pourquoi en retrouvant sa perruque, près de son lit. S'est-il senti humilié ? Sans doute, mais la haine que j'ai vue dans ses yeux surgissait d'ailleurs. Il venait de se faire « taper » par un jeune flic et savait qu'il allait dormir longtemps en prison. Il était là, chauve, en slip, entravé devant les siens. Insupportable pour un voyou de sa trempe. Nous avions bien fait de ne pas lui laisser une seule seconde.

C'était au début de ma carrière, un temps pas si lointain où le respect du flic signifiait cependant quelque chose, même pour les caïds de cité, moins nombreux qu'aujourd'hui. Si le voyou se comportait mal, ce qui arrivait, on l'obligeait à nous respecter. Le plus souvent, il acceptait sa défaite, laissant place à une forme de rituel où l'insulte n'était pas (encore) monnaie courante. J'adorais le duel psychologique qui se jouait durant la garde à vue. Je te donne si tu me donnes. Je suis sympa si tu l'es. Je t'aide si tu m'aides. À un moment ou à un autre, on entrevoyait la faille, un moyen d'échanger, même en off, hors procès-verbal, comme avec ce beau voyou, un ancien légionnaire passé au braquage, puis aux stupéfiants. Ce dur s'est décomposé lors de son arrestation. Au sens propre du terme : ses sphincters ont lâché en pleine rue, dans le 14e arrondissement parisien, une réaction physique liée à la peur et à la surprise – il ne nous avait pas vus venir. « Je me suis fait dessus », ont été exactement ses mots. Une humiliation indépendante de notre volonté, qui s'ajoute à celle de s'être fait « choper » avec trente kilos de cannabis dans sa voiture. Il a demandé à faire une escale aux toilettes, où nous l'avons accompagné. Il s'est ensuite apaisé, laissant place au bras de fer classique.

Pour les premières questions, « l'audition de chique », comme on dit dans le jargon, où le voyou nie tout en bloc, on l'a mis entre les mains de Gilbert, un collègue besogneux capable de supporter ce genre de profils. « Tu te nommes Bernard Lenoir », a-t-il avancé alors que le voyou restait muet. « C'est toi qui le dis. – C'est marqué sur ta carte d'identité, tu t'appelles bien comme ça ? »

insiste Gilbert, qui fait l'impasse sur l'humour du suspect. « C'est toi qui le dis, ou le lis », continue ce dernier. La garde à vue n'a rien donné sur le papier, pas l'ombre d'un aveu, même pas le moindre échange, mais l'ancien braqueur respectait notre travail, sans doute bluffé qu'on l'ait coincé en flag, nous, simples représentants de la Sûreté départementale, malgré les innombrables précautions que cet ancien légionnaire multipliait pour échapper aux filatures.

J'ai connu des voyous qui maintenaient le lien avec nous une fois en taule. Un courrier pour nous remercier, signifier l'absence de toute rancœur, dire qu'on avait été « sympas » de le laisser prendre ses effets personnels, de revoir sa copine ou sa femme avant son départ pour la maison d'arrêt. J'en ai même vu un sonner à la porte du commissariat une fois sa peine de prison effectuée. J'ai reconnu son visage à travers la caméra de surveillance. Il ne venait pas pester contre les conditions de son arrestation, pourtant pas faciles, mais proposer de nous « payer une bouffe ». Tous ne se comportaient pas comme lui, mais les règles, les codes n'étaient pas une simple légende. Ils ont volé en éclats parce que les voyous ont changé. La haine et la violence se sont répandues dans les années 2000, avec l'émergence d'une nouvelle génération de caïds de cité n'ayant plus qu'une seule idée en tête : jouer les durs. Ils peuvent passer l'intégralité de leur garde à vue à menacer, à insulter, non sans oublier de nier l'évidence. Une collègue se présente pour les auditionner ? Cumulant à leurs yeux deux « défauts », celui d'être flic et femme, elle est aussitôt traitée de « pute ». Une façon pour eux, au-delà de l'affirmation de leur identité religieuse, d'imposer aux autres les codes de la cité, jusque dans le commissariat.

La haine des voyous à notre égard a changé de dimension parce que les voyous ne sont plus les mêmes. Ils osent tout, ne pensent plus à l'après, se débattent sans répit contre la loi et l'ordre. Désormais, vous pouvez voir un petit caïd provisoirement recyclé en livreur de pizzas sonner à la porte de votre domicile et lancer à votre épouse, comme cela m'est arrivé : « Vous direz bonjour à votre mari. – Vous êtes qui ? – Il se souviendra de moi. Vous lui rappelez qu'on s'est expliqué dans son bureau. » En l'occurrence, ce garçon avait crevé tous les pneus sur le parking du commissariat en sortant de garde à vue, raison pour laquelle je l'avais fait déférer devant le tribunal.

Ce genre de message à domicile, à peine subliminal, plonge dans un profond malaise, d'autant que ce n'est pas un cas unique. Une autre fois, un voyou m'a alpagué depuis un véhicule alors que je rentrais chez moi à pied. « Ça va commissaire ? » « Je suis surpris de vous voir », lui ai-je dit. « Je suis sorti de prison, je reprends pied… Vous êtes dans le coin ? – Non, juste de passage. » Je suis entré dans une épicerie et j'ai attendu que la voiture s'éloigne, sans chercher à en savoir davantage.

L'expansion de l'économie souterraine a profondément changé la donne dans les quartiers où elle a pris pied. Florissante, entre les stupéfiants, le proxénétisme, les trafics de cigarettes ou de téléphones, les escroqueries et les délits financiers, pas toujours traités à leur juste mesure par la police, elle draine derrière elle des centaines de caïds plus ou moins aguerris ayant au moins un point en commun : une peur très limitée de la police. Le revendeur d'objets volés ou contrefaits ne s'enfuit plus à l'approche d'une patrouille. Il attend de pied ferme et mise sur le fait que le contrôle dégénère, sur la rébellion, et pourquoi pas l'entrée en piste de badauds, avec à la clef d'inévitables scènes de violences. Il y a dix ans, une action de la police semait encore la pagaille parmi les guetteurs et les petits dealers, qui abandonnaient leur marchandise et détalaient, déclenchant des courses épiques. Le guetteur d'un point de vente de stupéfiants craignait d'être attrapé, comme le receleur fourguant ses portables. Ils fuyaient la garde à vue, n'ayant pas vraiment envie d'être « connus des services ».

Aujourd'hui, plus personne ne court. Les caïds nous défient, jouent les durs. Ils vont à l'affrontement, manient facilement l'insulte, et s'ils peuvent, s'en prennent physiquement à nous. Un point de deal peut prospérer à cent mètres du commissariat, comme je l'ai vécu à Saint-Denis en 2016. Un trafic lourd, en l'occurrence. Je m'arrêtais parfois en voiture pour demander à un guetteur ce qu'il faisait exactement. Imperturbable, il poussait le cri destiné à alerter toute la chaîne du deal d'une présence policière : « Artena ». Peu lui importait de se retrouver embarqué et placé en garde à vue. Au contraire, même, cela peaufinerait sa réputation de « dur », l'expérience acquise lui ayant démontré qu'il en ressortait libre à chaque fois. À plusieurs reprises, de grosses quantités de marchandise et d'importantes sommes d'argent ont été saisies lors d'opérations policières bien ficelées, mais à chaque fois, les guetteurs reprenaient leur poste avec l'intention encore une fois de nous défier et de faire rentrer de l'argent.

Les jeunes braqueurs montent sur les coups avec un rail de coke dans le nez, peu importent les dégâts collatéraux. Les trafiquants de vingt ans peuvent ramener cinq cents kilos à bord de leur voiture et défoncent les barrages dressés pour les stopper dans leur course. On les voit faire le guet devant le commissariat pour surveiller les entrées et les sorties de la police. Dans un autre dossier, j'en ai vu un se dénoncer auprès de la police judiciaire et reconnaître la possession d'un box et des vingt kilos qui s'y trouvaient, à seule fin d'être mis en examen et de permettre à un avocat de récupérer le dossier, pour tenir le boss du trafic informé de la procédure. Le jeune s'était « sacrifié » ; sans doute avait-il négocié sa récompense et comptait-il empocher le gros lot à sa sortie…

La crainte de la sanction s'est estompée, avec au bout de ce cycle infernal le rejet pur et simple de l'action de la police. Entrer dans une cité pour procéder à des interpellations sans l'appui de gros renforts, ce n'est plus seulement prendre le risque de rater sa cible ; c'est encourir des violences graves, les caïds jouant le nombre pour nous faire reculer, s'attaquer à nos véhicules et à notre intégrité physique.

La haine déteint. Il est ainsi courant de voir un gardien d'immeuble ou le responsable de secteur d'un office HLM se dérober alors qu'on lui demande des renseignements. Il invoque généralement la peur de parler, mais ce prétexte cache souvent le refus de toute coopération avec les flics, voire une complicité avec les milieux criminels, alors que leur sentiment républicain devrait les inciter à répondre aux sollicitations de la police, surtout quand elle recherche des auteurs d'infractions. Une rupture proche de la sécession dans certains quartiers de nos banlieues, berceau d'un rejet des flics qui s'est enraciné de génération en génération.

Il n'existe pas de zones de non-droit en France, où l'on ne pourrait plus entrer, mais il y a de plus en plus de quartiers où on n'entre plus sans une bonne préparation, et en nombre. Lorsque je recevais des gardiens de la paix issus de la dernière promotion, à Saint-Denis, des jeunes généralement très motivés, je leur disais qu'ils avaient fait le bon choix, mais je les affranchissais aussitôt sur les risques. Je les prévenais qu'il leur arriverait probablement de sortir leur arme, qu'ils devraient rester lucides et se maîtriser, qu'il fallait rendre compte de tout et écrire sans rien oublier, pour laisser des traces. J'ai eu plusieurs cas de stagiaires contraints d'effectuer un tir de riposte, notamment après un délit de fuite au cours duquel le conducteur avait percuté des collègues.

Comment conserver son flegme en toute circonstance ? Je suis assez admiratif de la patience des flics que j'ai eu l'honneur de diriger, face à cette montée de la violence sous toutes ses formes. Il en faut, du flegme, pour traiter ces voyous de plus en plus jeunes, agressifs et stupides. Il en faut, du recul, pour annoncer calmement ses droits à un gaillard de dix-sept ans à peine qui, pour lui subtiliser un portable à la sortie du RER, à Saint-Denis, a frappé et frappé encore sa propriétaire. Gravement blessée, de multiples fractures au visage, elle allait conserver des séquelles de cette agression à vie. Je suis allé voir cet abruti, primo-délinquant au demeurant, dans le bureau où il était entendu. À la question de savoir pourquoi il avait massacré cette femme, il m'avait fait cette réponse, ahurissante : « Pour avoir le respect dans la cité. Je veux pas passer pour une mouillette. » Sa mère était en pleurs, elle ne comprenait pas. Pour impressionner ses copains, pour un portable, il avait foutu une vie en l'air.

Des types comme lui, on en voit tellement passer dans les services qu'on ne s'étonne même plus. C'est assez inquiétant, mais on s'habitue à la haine, perceptible désormais chez des adolescents de plus en plus jeunes.

La haine des gamins des quartiers

Cela commence très tôt, avant même l'adolescence, avec la découverte des feux de poubelle et la première voiture brûlée. Pour ces mineurs toutes les occasions sont bonnes pour allumer un incendie dans une cave, avant de passer aux choses plus sérieuses, la barricade, le traquenard, le guet-apens tendu à la patrouille. Le 31 décembre, les 13 et 14 juillet, les jours de fête de la Musique sont devenus des rendez-vous obligés, l'occasion pour chacun de montrer au groupe ce dont il est capable. Quand la flambée s'installe dans la durée, c'est qu'on a déploré, plus tôt, un blessé ou un mort parmi les jeunes, à la suite d'un contrôle de police, d'une poursuite ou d'une interpellation. Contrairement à ce qu'on croit, les trafiquants eux-mêmes sont rarement à la manœuvre, ils ont même tendance à siffler le coup d'arrêt, quand ça leur chante, pour que reprenne le business. On l'a constaté lors des émeutes de novembre 2005, après le décès de deux jeunes qui s'étaient réfugiés dans des installations d'EDF interdites d'accès et dangereuses, à Clichy-sous-Bois. J'ai souvent entendu des trafiquants, sur écoute, se plaindre de la baisse du chiffre d'affaires à cause des gamins ! Ce ne sont pas les forces de l'ordre qui mettent un terme aux violences, mais les grands frères, soucieux de leurs intérêts économiques. La police, elle, subit ces violences de plein fouet, dirigées avec toujours plus de dureté contre ce qu'elle incarne – l'autorité, la République –, certains allant jusqu'à la considérer comme une « simple » bande adverse.

Tous les jeunes nés dans ces quartiers n'en passent pas par-là, mais force est de constater qu'un certain nombre grandissent avec la haine des flics en intraveineuse. Comme si c'était la seule possibilité, le seul chemin vers l'âge adulte, la seule culture envisageable, grandir contre la police, pas « avec ». Le passage obligé vers l'intégration, à terme, d'une structure criminelle à caractère mafieux. Une forme d'insertion sociale par la haine, avec l'économie souterraine pour seul avenir.

Au début de ma carrière, dans les années 1990, les violences urbaines réunissaient de petits groupes de jeunes. Ils mettaient le feu, nous caillassaient dès qu'on arrivait sur place, nous agressaient parfois – rarement. Les dernières fois que j'ai été confronté au phénomène, il avait pris une tout autre ampleur. J'ai vu des groupes d'une cinquantaine de jeunes charger la police, armés de barres de fer, de pierres, de mortiers et de cocktails Molotov. Quand les flics ne tombent pas dans les traquenards qu'on leur tend, les jeunes passent à l'offensive en espérant faire une « prise ». L'ordinaire de la vie de nos policiers dans ces quartiers.

Une soirée plus tendue que les autres à Saint-Denis, le 13 juillet 2016, je longeais le canal à la hauteur de la cité des Francs-Moisins, avec mon équipe. Nous roulions assez vite, gyrophare et deux-tons en marche, pour rejoindre La Courneuve, où de nombreux incendies de véhicules étaient signalés, ainsi que la présence de groupes hostiles. C'est alors qu'un mec a surgi de derrière un arbre pour mettre un coup de pied dans le véhicule. On roulait à 80 km/h. Dans le rétroviseur, j'ai vu le « résultat » : le jeune est parti en toupie. Je n'ai pu qu'imaginer l'état de son genou en constatant, après coup, celui de la carrosserie. Des silhouettes sont sorties des fourrés et l'ont récupéré. On ne s'est pas arrêtés : le risque de se faire lyncher était trop grand.

Cet incident donne une idée du niveau de haine qui habite certains de ces jeunes. Taper sur une voiture de police qui ne fait que passer, au risque de se blesser, c'est faire preuve d'un certain aveuglement. Les plus jeunes ne disent-ils pas de leurs propres aînés qu'ils n'avaient « pas de couilles » ? On entend parfois certains d'entre eux, dans les médias, expliquer qu'ils détestent les flics, en particulier ceux de la BAC (brigade anticriminalité) parce qu'ils se font tout le temps contrôler, parce que les flics sont racistes, parce que les flics sont violents. Cette rhétorique est avant tout un mode de défense visant à occulter leurs propres torts. La preuve, on ne compte plus les interventions des pompiers qui tournent au traquenard. Selon les chiffres officiels, les sapeurs-pompiers sont victimes d'agression trois fois par jour en France. Les soldats du feu sont pris pour cibles parce qu'ils sont eux aussi un symbole de l'État, une émanation de la France. Au point qu'ils ont cessé d'intervenir sur les incendies qui ne sont pas « contagieux », ceux que les jeunes déclenchent pour nous piéger. En cas de péril humain, ils y vont, bien sûr, mais plus jamais sans les forces de l'ordre, tant l'hostilité est puissante et désormais ils sont équipés de caméras pour avoir des preuves en cas d'agression. Les médecins sont également devenus des cibles, signe qu'au-delà du symbole, tout ce qui est extérieur au quartier est un ennemi potentiel. La cité est leur territoire, une zone à défendre contre toutes les intrusions.

Cette haine s'apparente à de la bêtise. Elle est le fait de gamins peu éduqués et se transmet de génération en génération. S'en prendre à la police est presque un jeu pour eux, un jeu dangereux, mais sans finalité idéologique. Comme ouvrir les bornes à incendie l'été, pour se rafraîchir, sans se soucier du coût pour la collectivité, pas plus que des immenses risques qu'une chute de pression peut engendrer en cas d'incendie. Ils mettent le feu à des voitures ou à des poubelles avec la même insouciance. Leurs aînés attaquaient les policiers, leur tour est venu de faire encore mieux, pour entrer dans la bande et gagner leurs galons. On pourrait presque parler d'une course à la connerie, d'autant que ces violences urbaines ont pour conséquences d'attirer plus de flics dans le quartier, ce qui empêche l'économie souterraine de tourner à plein régime.

Si l'État a du mal à trouver la mesure, laissant prospérer un fort sentiment d'impunité, c'est essentiellement parce que nous avons face à nous des mineurs. Aller au contact d'adolescents, depuis les émeutes de novembre 2005, rend nos autorités fébriles. La crainte d'en blesser un, voire de se retrouver avec un mort, est à l'origine de ces instructions difficiles à comprendre pour le grand public, consistant à laisser faire tant qu'il n'y a pas de graves mises en danger. Tout plutôt que de voir l'action de la police à l'origine d'un accident. Ils cumulent les infractions, se livrent à des rodéos à moto sans casque en pleine ville ? On laisse faire de crainte de provoquer une chute. Les Anglais ont récemment adopté un texte de loi autorisant les véhicules de police à poursuivre, et même à pousser les motards récalcitrants ; on en est loin en France. Pour éviter tout contact avec les jeunes, on attend que l'incendie s'éteigne de lui-même.

La haine des terroristes

Je viens à peine de rentrer chez moi, ce vendredi 13 novembre 2015, déposé par Vincent, mon coéquipier et chauffeur, lorsque je reçois un appel, sur mon portable, du chef de l'une de mes brigades, Carlos. Ce week-end, je suis le directeur de permanence dans le 93. Carlos est un ancien, comme on dit, un solide qui en a vu. À l'intonation de sa voix, je sens que quelque chose ne va pas. Il est aux abords du Stade de France, m'annonce-t-il. Une explosion d'origine inconnue vient de se produire, provoquant un mort et plusieurs blessés. Un match de football est en cours, France-Allemagne ; je pense aussitôt aux bouteilles de gaz des commerçants ambulants, à l'accident. Quelque chose me dit que je dois y retourner. J'appelle Vincent pour qu'il fasse demi-tour, alors que nous allions passer à table en famille. J'annonce à ma femme et aux enfants que je vais repartir, mais qu'ils ne s'inquiètent pas, c'est le boulot.

Le flic que je suis commence à comprendre la gravité de la situation lors du deuxième appel de Carlos, qui me signale une nouvelle explosion. J'allume la télé où les premiers bandeaux apparaissent, évoquant des explosions au Stade de France et des coups de feu dans Paris. Le citoyen que je suis percute, le père de famille aussi. Je pars en disant à ma femme que je risque de rentrer tard, très tard, et que les enfants ne doivent pas regarder la télé ni même l'écouter. Tendu, je le suis, et ça doit se voir. J'ai su, plus tard, que les enfants avaient insisté pour dormir ensemble, sur des matelas à même le sol, côte à côte.

J'actionne le deux-tons et branche le gyrophare ; je pousse Vincent à rouler très vite. Nous fonçons vers le Stade de France à une vitesse indescriptible. Mon chauffeur est concentré, silencieux, tandis que je passe des appels. Plus les minutes filent, plus je réalise l'ampleur des événements dramatiques qui frappent la France. Nous sommes attaqués. Nous sommes en guerre.

La troisième explosion nous cueille à notre arrivée sur les lieux. Elle est à la fois lointaine et toute proche. Elle vient de se produire près du Mac Do, heureusement pas à l'intérieur car l'établissement était plein comme un œuf et on aurait probablement déploré des dizaines de morts ; on annonce toutefois deux morts et plusieurs blessés. Je garde en mémoire l'image de ce bras sectionné, au sol, mal dissimulé sous un drap ou un vêtement, qui sera diffusée en boucle sur les chaînes d'info en continu. Mais à cet instant, la haine n'a pas encore de visage. On ne sait pas combien « ils » sont ni où « ils » se cachent. On apprendra plus tard qu'ils n'étaient que trois et qu'ils ont « raté » leur attaque ; pour l'heure on guette la quatrième explosion et peut-être d'autres.

Il y a un héros ce soir-là, méconnu du grand public, c'est l'homme qui formule à l'oreille du président de la République, François Hollande, le conseil le plus précieux, celui de quitter le stade tout en laissant le match se poursuivre. Cette décision sage et courageuse permet d'organiser les forces, de choisir les lieux par lesquels transiteront les milliers de spectateurs, de dissimuler l'horreur et de prendre en charge les blessés. Elle a surtout évité une panique générale susceptible de causer des dizaines de victimes, comme celle que l'on a connue au stade du Heysel, en Belgique, quelques années auparavant. Ce héros, c'est le préfet Galli, un grand homme d'État, lucide et pragmatique, tandis qu'à l'extérieur du stade, nous étions tous à la fois perdus et soucieux de bien faire.

Aucune fiche réflexe ne permet d'anticiper ces moments-là, qui ne sont pas censés se produire. C'est la première fois que des kamikazes se font exploser sur notre territoire, visant une foule pacifique venue assister à une rencontre de football. Nous sommes entrés dans une nouvelle ère.

Si l'ambiance paraît calme, tout le monde en réalité est nerveux, en particulier les passants, qui n'ont qu'une seule envie, légitime : quitter les lieux au plus vite. Fuir l'horreur. Nous, les flics, sommes frappés d'inquiétude. Celui que l'on s'apprête à croiser est-il un terroriste qui attend le bon moment pour se faire exploser ? Les nouvelles qui arrivent de Paris, par les ondes, sont tellement dramatiques que l'on finit par considérer notre situation comme relativement gérable. La confusion n'en persiste pas moins quant aux modes opératoires des assaillants. Je fais au mieux. J'improvise alors qu'un gradé m'interroge : « Patron, les mecs qui viennent chercher leurs scooters, on les laisse approcher ou on les refoule ? – Vérifiez les profils et faites-les partir avec leur deux-roues », dis-je en considérant ces centaines de scooters, dont certains équipés de top-cases à l'arrière, autant de caches susceptibles d'abriter des explosifs. Nul ne saura jamais si c'était la bonne décision, mais j'ai songé que cela ferait déjà ça de moins à gérer !

Les renforts affluent, et pas seulement ceux que nous avons réclamés. Les collègues en congé viennent prêter main-forte, la maison police prend ce soir-là tout son sens. La plupart des commissaires de police du département débarquent, par solidarité, pour être là aussi. À nombre d'entre eux, je conseille de rentrer chez eux, de garder des forces, et pas seulement pour ne pas encombrer les axes stratégiques : on vient de changer de monde et il va y avoir du boulot dans les jours à venir.

Je marche. Je parcours des kilomètres pour m'assurer du dispositif en place, que tout sera fait pour neutraliser un nouvel attaquant, s'il se manifeste. J'accompagne les autorités qui défilent, judiciaires, administratives. Je réponds à de multiples appels, en provenance d'amis qui sont à l'intérieur du Stade de France et me demandent de leur promettre qu'ils vont sortir dans de bonnes conditions, qui veulent savoir si le danger est écarté, d'épouses aussi qui me posent les mêmes questions. À tous, je dis de faire confiance au dispositif, de rentrer vite chez eux, mais de ne surtout pas paniquer, alors que la foule commence à sortir du stade par les portes autorisées, celles du côté des explosions ayant été fermées. Hormis un léger incident, l'évacuation est une totale réussite. L'idée du préfet Galli était plus que pertinente. Il a sauvé des vies. Les forces de l'ordre aussi, en s'assurant que le public, nombreux, conserve son calme.

Il est 1 heure du matin, peut-être plus tard. On commence à peine à y voir plus clair. Les secours ont évacué les blessés, reste ce PC de secours improvisé par le Samu et les pompiers, une sorte d'hôpital d'urgence improvisé sur le parking du Mac Do. Un jeune gardien vient me voir, l'air gêné. « Patron, y a une merde », me dit-il, tout en me montrant un sachet oublié dans lequel se trouve un doigt. Une erreur compréhensible dans ce chaos et dont je fais rapidement part à un officier des pompiers.

Nous n'avons pas vu le visage de la haine, mais nous l'avons deviné. Elle a plané sur nous toute la soirée, jusque tard dans la nuit. Je me souviens d'avoir pleuré au retour, en découvrant mes enfants en rang d'oignons sur les matelas, puis en prenant conscience du bilan de la nuit devant ma télévision. J'ai pleuré et dormi une petite heure, avant d'entamer la ligne droite la plus dense de toute ma carrière, cinq jours et cinq nuits à travailler, quasiment 24 h/24, commencée par une réunion de crise le samedi matin. Il a fallu écrire, expliquer, débriefer, tout en organisant les équipes pour aborder la suite dans les meilleures conditions. J'étais directeur de permanence, mais il n'y avait plus de permanence. La France en deuil, attaquée et meurtrie, faisait face à une crise exceptionnelle. Et dans ces moments plus qu'en d'autres, on est fier d'être flic. On n'a pas le droit d'être inquiet, car les autres le sont pour vous. On sait qu'il faut tenir car les gens comptent sur nous. Il y a la haine, celle de ceux qui ont fait ça, et de l'autre côté le pays et ceux qui ont peur.

Le dimanche, alors que nous dressons la liste des cibles, c'est-à-dire des individus potentiellement dangereux, avant de les soumettre au préfet, j'appelle mes deux commandants de Saint-Denis, Didier et Stéphane. Ils ont trouvé tellement de volontaires qu'il a fallu choisir, afin d'économiser des forces pour le jour suivant. La maison police est sur le pont face à l'ennemi. Parmi nos objectifs, un squat de la rue du Corbillon, où nous aurions pu effectuer une perquisition administrative sans savoir que l'immeuble allait faire l'objet, le mercredi suivant, d'un assaut du RAID.

D'autres objectifs sont ciblés dans la nuit de dimanche à lundi, parmi lesquels un pavillon dont on nous dit qu'il est squatté par une douzaine de personnes. Le voisin nous apprend qu'un soir, alors qu'ils dînaient avec un de ses amis flic, ce dernier a entendu des bruits de culasse. Que cherche-t-on, 48 h après les attentats les plus meurtriers de l'histoire ? Des porteurs de haine dont on ne sait pas grand-chose. Mais on y va : deux colonnes spécialisées dans les effractions de portes accompagnées d'une vingtaine d'hommes en civil. Nous approchons en silence, peu après minuit, les uns derrière les autres, avant de laisser la première colonne fracturer la porte au bélier. À chaque étage, alors que nous progressons, les mêmes cris étouffés. Bilan : onze personnes interpellées, des Afghans, Irakiens ou Syriens, tous clandestins. Mais pas une arme en vue malgré une perquisition de plus de trois heures au cours de laquelle nous avons tout démonté, au point que des voisins ont appelé police secours pour signaler des cambrioleurs en action…

Le mercredi, je l'avais presque oublié, je dois partir en avion au bout du monde avec mon équipe de rugby. La pression retombe un peu. J'ai fait part de ce voyage à mon directeur, la veille. Il m'a donné son accord sachant que Christophe, mon adjoint très expérimenté, restait aux commandes à Saint-Denis. Je peux partir serein, mais le matin du départ, ma femme me réveille car on m'appelle encore. Je décroche, avec à l'esprit l'idée que cela ne s'arrêtera jamais. Au bout de la ligne, une femme en panique et en pleurs : « Ça tire de partout à Saint-Denis ! C'est la guerre ! » Je ne sais plus si je dors, si c'est un cauchemar, mais j'en aurai rapidement le cœur net : l'assaut du RAID a débuté rue du Corbillon, à Saint-Denis, où s'étaient retranchés les derniers membres du commando du 13 Novembre.

La haine de la rue

Au lendemain de l'attaque terroriste que venait de subir la France, en novembre 2015, et de la traque inédite qui avait suivi, on a vu dans la rue des centaines de milliers de personnes saluer leur police. Les Français, soudain conscients qu'elle était là pour les protéger, avaient besoin de la remercier, et même pour quelques-uns d'aller jusqu'à l'effusion sur les trottoirs avec les hommes en uniforme.

Quatre ans plus tard, la crise des gilets jaunes a terriblement refroidi le lien, rappelant à ceux qui s'étaient fait des illusions la sombre réalité : nous sommes moins souvent aimés que détestés. Nous avions plusieurs ennemis clairement identifiés, en voilà de nouveaux auxquels nous n'avions pas songé. C'est cela, la vraie et lourde leçon du samedi 1er décembre 2018 : nos voisins, nos amis, nos cousins nous sont rentrés dans le chou sur la place de l'Étoile. Monsieur et madame Tout-le-Monde, abandonnant toute bienséance au vestiaire, ont laissé éclater leur haine contre les policiers qu'ils considéraient encore, quelques jours plus tôt, comme le dernier rempart de la République.

Ce brutal retournement, personne ne l'a vu venir, surtout avec une telle rapidité. Ceux qui nous avaient enlacés cherchent désormais à nous lyncher, faisant feu de tous les projectiles disponibles pour nous blesser, pourquoi pas nous tuer, à l'instar des plus excités de l'ultragauche, bouffeurs de flics qualifiés, des terroristes, concentrés sur l'affaiblissement de la République, et des caïds de cité dont la police gêne les affaires. Une partie de l'opinion ne nous voit plus que comme le bras armé d'un État oppresseur, vision relayée de haute main par une fraction non négligeable de la classe politique, celle qui nous tape dessus (symboliquement cette fois) à longueur de plateaux télé. Comme le garant d'institutions qu'ils honnissent, un rôle dont nous devrions être aussi fiers que les pompiers après avoir sauvé Notre-Dame, ce symbole de l'union nationale…

Nous en étions loin, de cette fierté, au soir de ces samedis du mois de décembre 2018 où la rue « jaune » a libéré toutes les haines, du flic, mais aussi du riche et du haut fonctionnaire. Laissant sur les rotules des milliers de CRS mobilisés plus de dix heures d'affilée, usés par le risque, le stress et le poids du matériel, à peine requinqués à l'arrache par le repas frugal, pour ne pas dire honteux, fourni par l'administration – un paquet de chips, une barre de chocolat et petite bouteille d'eau, à croire que nos logisticiens n'ont jamais passé douze heures sur le pavé.

La haine de la rue a atteint un niveau record au fil de cette interminable mobilisation, mais elle n'est pas nouvelle. Parfois nos supérieurs n'ont pas forcément fait ce qu'il fallait pour l'empêcher. Comme ce jour où les autorités, voilà quelques années, nous ont demandé d'encadrer à distance, mais de laisser progresser dans les rues de la capitale un cortège d'extrémistes cagoulés, casqués et armés de barres de fer ou de battes de baseball. Belle image, incompréhensible pour les passants, mais le message transmis par nos autorités sur les ondes était clair : suivre ces quelque deux cents adeptes de la violence, sans les approcher. En fin de journée, ces mêmes chefs m'ont réclamé de coucher sur papier les raisons pour lesquelles ces individus s'étaient battus en pleine rue avec des extrémistes de l'autre bord, après nous avoir pris à revers, en net surnombre. Je n'ai pas rédigé ce rapport, en colère que j'étais d'avoir dû encadrer sans pouvoir intervenir cette parade de la haine ! Et nous en sommes restés là, sur un score vierge.

Dans le même genre, j'ai vu un cortège religieux, musulman en l'occurrence, défiler sur le pavé en clamant en arabe des propos que certains de mes collègues, parlant la langue, m'affirmaient ne pas être respectueux des lois. Ce défilé s'était immobilisé devant l'église de la Madeleine, à Paris, contrairement aux engagements pris par leurs responsables lorsqu'ils avaient déclaré leur manifestation à la préfecture. Sur instruction de leur leader, vraisemblablement un imam, ils se sont mis à prier dans la rue. Outre la gêne occasionnée à la circulation, la volonté de provoquer était évidente, comme celle de bafouer les lois de la République. La scène a cependant duré une bonne demi-heure, pendant laquelle je n'ai cessé de demander des instructions sur les ondes. La réponse ? Silence radio.

Cette haine de la rue, je l'ai aussi déjà ressentie chez des élus de la République aussi menteurs que manipulateurs. Pendant des semaines, dans l'une des villes où j'étais commissaire, j'en ai vu faire pression sur le préfet du département pour qu'il engage la force publique afin d'évacuer un campement sauvage. Le jour venu, j'ai entendu les mêmes élus, écharpes tricolores autour du cou, flanqués de militants et de quelques journalistes, hurler des chants hostiles à la police, faisant même obstacle de leur corps pour qu'on renonce à faire ce qu'ils avaient exigé lors des réunions préalables.

Le métier de flic, s'il satisfait le plus grand nombre, à en croire les sondages, expose au mécontentement – le mot est faible. Lorsque l'on voit des élus, bardés de leur écharpe tricolore, venir entraver notre action, on se demande ce qui leur reste de républicain. Eux qui sont censés être des modèles n'ont visiblement que faire de la décision judiciaire dont les policiers ne sont que les exécutants, dans des conditions souvent très difficiles. Un peu comme ce sociologue en poste dans une université parisienne qui, pour affronter la police dans les manifestations, avait mis une protection en mousse sous son jean et dans son blouson, véritablement capitonné, conservant à portée de main son masque et quelques doses de sérum physiologique pour rester opérationnel malgré les gaz lacrymogènes. Sa détestation épidermique de la police n'avait d'égale que celle de ces punks à chien que l'on croisait parfois sur le trottoir.

La haine des élites

« Les gilets jaunes, c'est nous », proclamaient Juliette Binoche, Jeanne Balibar et Emmanuelle Béart dans une tribune publiée le 4 mai 2019, entraînant derrière leur renom plus de mille quatre cents artistes. Fiers de dénoncer « une répression qui s'aggrave chaque semaine », avant de se lancer sur le terrain juridique. « Rien ne justifie la mise en place d'un arsenal législatif dit anticasseurs qui bafoue nos libertés fondamentales », pouvait-on notamment lire.

Une prise de parole bien tardive, alors que la crise sociale battait son plein depuis bientôt six mois. Comment oser se revendiquer « gilets jaunes » après avoir laissé filer tant de samedis agités ? À se demander où ces personnes vivaient durant tout ce temps !

Leurs figures de proue étaient des artistes plutôt moins en vue que ceux que l'on voit d'habitude s'offrir un bain de jouvence et de virginité en cognant (verbalement) sur les flics. Peut-être ces actrices cherchaient-elles un peu de visibilité et d'audimat à bon compte, mais ces prises de position n'étaient pas une surprise. Les artistes sont coutumiers des leçons de morale, parfois même de droit, domaine dans lequel ils n'ont, en général, aucune légitimité et si peu de compétence. À intervalles réguliers, certains ressentent le besoin de soulager leur conscience. Défendre ceux qu'ils considèrent comme les faibles ou les victimes contre les forts et les méchants, en l'occurrence les flics, leur permet de redorer leur blason. Mettre sa notoriété au service des plus faibles, ça ne coûte pas cher et ça permet de se hausser du col.

Défendre la police, quand on est une célébrité du monde du spectacle ou du sport, ça n'a en revanche jamais payé. Cela peut même contribuer à vous isoler, à vous stigmatiser, et sans doute nuire à votre carrière ou à vos sponsors.

Peu d'entre eux imaginent un instant le mal qu'ils peuvent faire aux flics. Ils affichent haut et fort leur mépris pour des agents de l'État dont ils ne savent rien, dont ils ignorent le quotidien, la vie, le salaire comme l'engagement. Parfois au bord de l'insulte, ils accordent une sorte de blanc-seing aux gens du peuple – qu'ils méprisent parfois tout autant – à l'heure d'agresser un policier. « Allez-y, les gars, les flics sont des salauds », tel est le message à peine subliminal que ces représentants de l'élite véhiculent.

Ce faisant, c'est au pays qu'ils font mal. Insidieusement, ils sèment la haine dans les esprits. Lorsqu'on est populaire, on entraîne derrière soi des gens qui vous apprécient en votre qualité d'artiste. Si la star dit quelque chose, elle a forcément raison, du moins aux yeux de ses fans. Il y a vingt ans, quand Emmanuelle Béart avait fait obstacle de son corps devant l'église Saint-Bernard, à Paris, pour s'opposer à l'éviction de migrants sans papiers par les forces de l'ordre, le coup avait été percutant pour son image.

C'est encore plus lourd de conséquences lorsque des stars très appréciées du public et classées parmi les personnalités préférées des Français se risquent à prendre la parole alors qu'une affaire sensible, voire explosive, en matière d'ordre public défraye la chronique. Un cas, présenté par une partie de la presse comme une « bavure », a ainsi vu sortir du bois des artistes et des sportifs de renommée internationale : l'affaire « Théo », du nom de ce jeune homme qui prétendait avoir été « violé » par un policier à l'aide d'un bâton télescopique, en marge d'un contrôle de police qui a dégénéré, le 2 février 2017, à Aulnay-sous-Bois (Seine-Saint-Denis). Prenant leur courage à deux mains, alors que la justice n'avait même pas visionné les images des caméras de vidéo-surveillance, pas plus qu'elle n'avait une idée précise de l'enchaînement des faits, Omar Sy, Christine and the Queens, Yannick Noah et Éric Cantona, pour ne citer qu'eux, ont signé une tribune portée en une par le quotidien *Libération*. Une tribune disant leur honte devant le comportement des policiers mis en cause, « des monstres [qui] ne peuvent être associés aux forces de l'ordre qui nous protègent et sauvent des vies au péril des leurs ». « Est-ce une bavure, un fait divers de plus qui sera, lui aussi, classé sans suite ? » s'interrogeaient-ils, avant de poursuivre, balayant d'un revers de main cette présomption d'innocence qui leur est si chère par ailleurs : « Dans ce pays des droits de l'homme, y a-t-il une justice pour les hommes à la peau sombre et une pour ceux qui portent l'uniforme ? Ne devrait-elle pas être d'autant plus intraitable envers ceux qui, les premiers, devraient être exemplaires ? »

En signant ces propos, ces personnalités ont mis ce jour-là toute leur notoriété dans la balance pour dire le mal qu'elles pensaient de la justice, qui pourtant menait l'enquête, et de la police, l'une des administrations les plus contrôlées du pays au demeurant – ce qu'elles ignoraient sans doute. Entre les lignes, elles ont distillé le poison du doute, laissant entendre que des affaires graves étaient cachées au public. Elles ont poussé le bouton du complotisme jusqu'à instiller l'idée dans l'esprit du lecteur que la police et la justice françaises seraient profondément racistes. La justice, rappelons-le, ne peut être rendue dans l'urgence sous la pression de tiers, fussent-ils des célébrités.

Chacun a le droit de penser qu'il faut casser du flic ou brûler du curé, mais pas d'appeler ses prochains à passer à l'acte. Je reste convaincu, par ailleurs, que les policiers connaissent bien mieux les misères de la population que ces stars, qui pour certaines d'entre elles se permettent de donner des leçons à la terre entière alors qu'elles gagnent des fortunes, défiscalisent à tour de bras et vivent même parfois à l'étranger.

Certains médias n'hésitent pas non plus à afficher la couleur, si j'ose dire, à l'instar du magazine *Society* qui, en pleine affaire Théo, a commis à la une un titre où l'image d'un tonfa (matraque) remplaçait le « L » dans le mot « VIOL ». Parfaitement inacceptable, car cela revenait à valider la thèse selon laquelle des policiers auraient violé un homme sur la voie publique. À condamner ces policiers avant que la justice ne se prononce et sans le moindre contradictoire. À clouer des fonctionnaires au pilori sans le moindre procès. *Libération* avait, il est vrai, ouvert la voie en titrant

« La matraque de la honte », sans que les pouvoirs publics de l'époque osent prendre la défense des forces de l'ordre, même pour simplement rappeler la présomption d'innocence. Comme si le politique avait cédé à la pression médiatique, par facilité, en espérant monter dans les sondages et dans le cœur d'un certain public, le tout sur le dos de la police, salie, on s'en souvient, par la visite du président François Hollande au chevet de Théo, alors hospitalisé, accompagné d'un média. Un séisme pour les forces de l'ordre, qui se sont senties livrées en pâture pour de mauvaises raisons. Personnellement, j'avais assuré à ma femme que si le viol était avéré, je démissionnerais de la police. Un an après, la vérité a semblé émerger à travers de nouvelles expertises, mais aucune de ces belles âmes n'a daigné revenir sur ses propos. Le dogmatisme avait de nouveau frappé, comme un torrent de boue charriant la haine entre les communautés.

La haine est parfois directement le fait des élites politiques. Personne n'a par exemple oublié l'attitude de Jean-Luc Mélenchon, patron de La France insoumise (LFI) et de ses acolytes devant les policiers et les magistrats venus effectuer une perquisition dans le cadre d'une enquête financière visant son mouvement, le 16 octobre 2018. Quand un élu se comporte ainsi, qu'il se permet d'aller aussi loin, jusqu'aux menaces et à la bousculade, il cherche à délégitimer une institution régalienne, en même temps qu'il attise délibérément les braises de la haine qui couve. C'est un trait permanent des enquêtes visant les cols blancs de la finance ou les notables. Les gardes à vue sont certainement pénibles pour les personnes concernées, mais elles le sont généralement tout autant pour les flics, qui subissent le poids de la condescendance sur le mode du « Mais comment osez-vous ? »

Parfois, la haine s'invite à la table voisine, comme un soir où je dînais avec ma femme dans un restaurant parisien sympathique, il y a plus de dix ans. Je repère, attablées à quelques mètres, des personnalités connues, parmi lesquelles Muriel Robin et Nicolas Bedos, dont le père, arrivé tardivement, raconte qu'il vient de passer près de la Sorbonne, que ça bardait et qu'il a lancé, en passant, quelques pavés sur les CRS. Je n'ai jamais su si c'était vrai ou s'il avait inventé ça pour excuser son retard, mais ces propos saisis au vol m'ont consterné. Pour alimenter la conversation, une autre actrice, présente parmi les convives, a embrayé en racontant qu'elle avait épousé la cause du combat contre l'excision parce qu'il en fallait bien une. Cette façon de se draper de pureté en prenant la cause du faible ne m'a pas seulement gâché le repas : quand des gens qui ont cette notoriété s'engagent pour soutenir que la police sodomise les jeunes noirs dans les banlieues, comme les signataires de la fameuse pétition, les dommages collatéraux sont énormes.

Des scènes de ce genre, j'en ai aussi vécu avec des représentants de la classe politique. Un soir de l'année 2012, alors que j'étais commissaire dans le 18e arrondissement parisien, je reçois une sénatrice écologiste, Esther Benbassa. Accompagnée de ses assistantes, elle travaille à l'élaboration d'un projet de loi visant à abroger le délit de racolage et voudrait se faire une idée de l'état de la prostitution dans l'arrondissement. Nous sommes trois commissaires pour répondre à leurs questions, avant d'en poser une à notre tour, soucieux de comprendre leurs motivations : pourquoi vouloir supprimer un délit qui permet aux policiers de contrôler les prostituées, de les connaître, et dans certains cas d'empêcher une trop forte concentration dans un secteur au détriment des riverains ? La réponse est assez surréaliste. La sénatrice nous explique que la raison principale, c'est que la police est « responsable » de la hausse des maladies vénériennes chez les prostituées. Nous restons bouche bée, avant de demander des précisions. « C'est très clair, nous expose-t-elle, les maladies vénériennes ont augmenté chez les prostituées car comme vous les contrôlez, elles sont obligées de choisir trop vite leurs clients. Elles ne prennent plus le temps de les jauger. » L'un de nous fait remarquer à la sénatrice que l'usage de préservatifs permettrait d'éviter ces maladies, mais rien n'y fait, nos visiteuses restent convaincues de notre responsabilité.

Après nous avoir écoutés lui dresser un tableau de la prostitution dans le 18e, Esther Benbassa souhaite qu'on l'accompagne sur le terrain pour s'entretenir avec des prostituées exerçant autour du métro Château Rouge. Je ne lui cache pas que cela va être difficile, car ces femmes, nigérianes pour la plupart, travaillent en groupe et fuient la police, comme toute personne qui n'aurait pas l'air d'un client. Sûre d'elle, la sénatrice réplique qu'il suffit qu'on lui indique le lieu et qu'elle en fera son affaire. Et nous voilà dans la rue, de nuit, moi lui indiquant un groupe de femmes, elle me demandant à plusieurs reprises s'il s'agit bien de prostituées, avant de me suggérer de rester en retrait et de se diriger vers elles avec son assistante. À peine pose-t-elle un pied sur la chaussée que les femmes se mettent à courir, comme prévu. La voilà contrariée, mais elle doit s'y faire, elles ne la laisseront pas les approcher.

J'ai fini par passer le flambeau au chef de la brigade chargée du proxénétisme, qui s'est enquis de savoir comment la sénatrice réagissait à cette séance d'observation. « Tu vas vite voir, lui ai-je glissé, elle est assez perchée, c'est étonnant... » Depuis, je la regarde évoluer à distance dans sa carrière politique. Je l'ai notamment vue embrasser la cause des gilets jaunes, défiler avec eux son écharpe tricolore autour du cou et tenir des propos sur les « violences policières », plutôt inappropriés dans la bouche d'une élue de la République, à mon humble avis. Ses idées toutes faites n'ont pas fini de lui jouer des tours, mais plutôt que de la haine, j'ai senti chez elle un profond mépris pour les flics.

J'ai retrouvé une attitude assez similaire chez une autre politique, Emmanuelle Cosse, ministre du Logement en ce mois de juin 2016, où sa visite est annoncée à Saint-Denis au lendemain d'un terrible incendie dans un immeuble insalubre loué par des marchands de sommeil. Plusieurs victimes étant à déplorer, la polémique est sévère et ce déplacement s'annonce agité, selon les notes des services de renseignement. Décision est donc prise, pour protéger la ministre, de monter un service d'ordre renforcé. Les accès de la rue où se trouve l'immeuble incendié sont bouclés, comme les principaux carrefours alentour, afin qu'elle puisse déposer sa gerbe sans être agressée. Le préfet du département est présent pour l'accueillir, comme il se doit, ainsi que les élus locaux. Emmanuelle Cosse arrive par l'itinéraire prévu, sa voiture se gare sans encombre au pied de l'immeuble, où je me trouve avec de nombreux policiers. Elle sort du véhicule, ne salue que ses amis politiques locaux, très vaguement le préfet, et pas un regard pour les représentants de l'ordre républicain que nous sommes. Ils déposent leur gerbe, puis font une escale imprévue dans un bistrot pour boire un café.

À l'issue de ce petit moment de convivialité entre la ministre et les élus, qu'elle embrasse chaleureusement dans une ambiance très amicale, nous la voyons s'engouffrer dans sa voiture et s'éloigner tranquillement. Sans un merci ni même un bonjour pour les policiers, qu'elle a pourtant frôlés et qui étaient là pour assurer sa sécurité. Rien. Un manque de respect que l'on aurait aimé mettre sur le compte de la maladresse, mais je crains que cela ne soit plus grave.

DEUXIÈME PARTIE

AUTOPSIE D'UNE IDÉOLOGIE DE LA HAINE

Une nébuleuse au-dessus de tout soupçon

2010. Je suis chef de la compagnie de sécurisation et d'intervention (CSI), à Paris, une très belle unité composée de trois groupes en tenue, trois autres en civil spécialisés dans l'interpellation des casseurs et d'une compagnie motocycliste. Nous sommes engagés dans les manifestations difficiles, celles où le risque de débordement est élevé. À l'époque, on ne parle pas encore de Black Bloc, mais l'ultragauche violente représente une nébuleuse déjà dynamique qui a l'habitude de se regrouper en queue de cortège et de sévir lors de la dispersion.

Un jour, alors qu'une manifestation syndicale importante, avec plus de 50 000 personnes, est en passe de s'achever du côté de la place de la République à Paris, nos gars en civil, disséminés dans le cortège, nous annoncent un regroupement en cours, majoritairement constitué d'anarcho-autonomes. Les tenues, écharpes, foulards, bonnets, casquettes ou capuches, ne laissent pas place au doute. Ça va bouger ! Signal du ralliement, un fanion noir est soudain exhibé au-dessus des têtes. La foule des manifestants est tellement compacte qu'il est impossible d'intervenir, d'autant qu'ils n'ont pas encore commencé à casser. La nébuleuse grossit au point d'atteindre une centaine de personnes ; définitivement, on ne pourra pas les contenir sans renfort.

Leur stratégie nous surprend. Le groupe remonte le cortège à contresens, s'exfiltre subitement et se met en mouvement en direction de la place de la Bastille. J'avise l'état-major sur les ondes : nous sommes derrière, mais nous aurons besoin d'effectifs si l'on veut stopper leur progression. Pour le moment, nous ne pouvons que les suivre. Ils avancent groupés, compacts, organisés. Ceux qui occupent le dernier rang marchent à reculons pour détecter une éventuelle présence policière à leurs trousses. Ils ont forcément remarqué que nous étions « à leur cul », comme on dit dans notre jargon.

Le trajet de République à Bastille s'effectue au pas de course. De temps à autre, des gars s'extraient de la grappe, vont défoncer une vitrine de magasin ou de banque, s'attaquent à une voiture, puis réintègrent aussitôt leurs rangs. Le mouvement est à la fois vif et structuré ; difficile d'interpeller l'un de ces casseurs sans prendre des risques importants. J'annonce à la radio les dégradations commises et fais le point sur la progression du groupe, tout en suggérant qu'un comité d'accueil se positionne en urgence à la Bastille. Impossible, me répond-on, toutes les compagnies sont mobilisées pour assurer la dispersion de la manifestation à République. Une manœuvre prendrait trop de temps.

De notre côté, la tension et l'adrénaline montent, tandis que le dernier rang du cortège nous canarde avec des mortiers en tirs tendus, lancés à partir de tubes artisanaux. Ils disposent aussi de catapultes. La situation est d'autant plus périlleuse pour nous que nous évoluons en civil, sans les moyens de protection des CRS. En l'absence de casque, une fusée peut causer des blessures irrémédiables. Pas question de baisser la garde, et encore moins les yeux, rester vigilant s'impose si l'on veut éviter les projectiles. Notre unité photo-mitraille : on en aura besoin pour confondre les auteurs si on parvient à les neutraliser.

Place de la Bastille, des collègues d'autres services nous aident à « casser » le noyau de la nébuleuse, seule façon d'interrompre les dégradations. Une partie des individus se disperse par petits groupes, mais une soixantaine persiste et tente de forcer l'entrée de l'opéra, en grappe compacte. Une représentation étant en cours, ils sont copieusement gazés par le service de sécurité, ce qui nous permet de les prendre en tenaille lorsqu'ils refluent. Ils optent pour la seule issue possible, la rue de Charenton qui longe l'arrière du bâtiment, où des renforts arrivent justement. Les voilà coincés dans la nasse. Soixante interpellations d'un coup !

Leur profil ne nous surprend pas. Européens, ils ont entre vingt et quarante ans, une dizaine de femmes figurent dans le lot. Tous se réfugient dans le silence le plus complet, refusant de répondre aux questions, comme ils ont appris à le faire et conformément aux consignes criées par les leaders lorsque le piège s'est refermé sur eux. Certains exhibent un numéro de téléphone inscrit au marqueur sur leur avant-bras, celui de leur avocat, que d'autres ont écrit sur une petite fiche prête à l'emploi. Totalement sereins malgré les circonstances, ils affichent leurs sourires, visiblement contents d'eux-mêmes et de leurs exploits : une quinzaine de commerces et de banques fracassés, une vingtaine de véhicules endommagés, dont certains incendiés, ainsi que du mobilier urbain. De notre côté, nous versons au dossier des images tournées par l'unité photo, où l'on distingue bien les catapultes utilisées pour nous tirer des billes d'acier.

Comment faire en sorte que ce raid destructeur à travers la capitale ne reste pas sans suite judiciaire ? Comment les « enchrister » pour de bon, comme on dit ? Je négocie et obtiens des autorités de la préfecture de police de rédiger moi-même, avec les officiers, un procès verbal unique d'interpellation regroupant tous les incidents. C'est une première. Plus la procédure sera carrée et détaillée, mieux ce sera ; aussi des collègues vont-ils recenser sur le terrain tous les dégâts commis, avec au bout du compte une très belle affaire, ficelée comme il se doit. Attroupement armé, destruction en bande organisée, mise en danger de la vie d'autrui, incendies volontaires, dégradations et, pour finir, agressions sur forces de l'ordre, tels sont les griefs retenus. Un flag comme on les aime, susceptible de mettre hors d'état de nuire pour un moment ces professionnels de l'émeute, dont certains sont déjà connus des services de renseignement, voire de la justice. Et une nuit entière pour rédiger le fameux PV en équipe. Un cas d'école.

Si tout se déroule bien, vu les preuves accumulées et le nombre de rédacteurs, les procès-verbaux ayant force probante, ça devrait avoir du poids. Normalement, plusieurs d'entre eux devraient être déférés, voire incarcérés !

Force est cependant de déplorer que la justice ne nous a guère suivis, sans que l'on soit vraiment capable de distinguer la part de motivation idéologique des aspects juridiques. Pas de mandat de dépôt à l'issue de la garde à vue. Quelques contrôles judiciaires ont été réclamés, mais tous ont dormi chez eux. La suite de la procédure a été du même acabit, deux années pour rien, ou presque, ponctuée de deux reports d'audience alors que je m'étais déplacé, ainsi que mes deux officiers, pour témoigner en tant que victime et témoin des faits. À chacune de ces audiences, nous nous sommes retrouvés face à une salle comble, remplie de sympathisants venus soutenir leurs héros. Certains essayant même de nous prendre discrètement en photo avec leur smartphone, dans l'espoir de nous intimider. Leur suffisance s'ajoutant à une haine viscérale de la police, perçue comme l'ennemi à la solde du pouvoir répressif.

La troisième audience a été la bonne. Pour eux, pas pour nous, puisque les trois ou quatre personnes finalement renvoyées devant le tribunal correctionnel ont toutes été relaxées au bénéfice du doute, le tout agrémenté d'avocats criant au procès « politique ». Une nouvelle que nous a annoncée le soir au téléphone notre propre avocat, car vu la tournure que prenait ce procès, après avoir témoigné, mon adjoint et moi avions préféré quitter le tribunal avant la fin.

De quel « doute » parle-t-on ici ? La justice a-t-elle fait l'impasse, pour des raisons qui me dépassent, sur nos photos, comme sur les vidéos des méfaits que les auteurs avaient eux-mêmes postées sur les sites de la mouvance anarcho-autonome, pourtant annexées en procédure ? Elle a plutôt, cette fois, choisi d'ignorer qu'un commissaire de police assisté de nombreux officiers avait rédigé le procès-verbal consignant l'interpellation de ces soixante auteurs en flagrant délit. Quel « doute », à moins de soutenir que tout était faux et que les personnes interpellées n'étaient pas les auteurs des faits décrits ? Effectivement, nous n'avions pas attribué la destruction de telle poubelle ou de telle vitrine à tel ou tel individu. Mais pour nous, l'implication de ces femmes et de ces hommes, comme auteurs ou complices des faits, relevait de la certitude.

Je n'aime pas opposer justice et police, je ne le fais d'ailleurs jamais, mais il faut bien admettre que l'issue de cette procédure était assez déprimante. Une humiliation pour la police. Et un déni de justice pour les victimes, ceux qui avaient subi les dégradations et autres exactions.

La haine développée par l'ultragauche devait-elle rester impunie ? Je ne suis pas le seul flic à l'avoir vue prospérer au cours de ces dix dernières années. Difficile d'y échapper, tant cette mouvance investit de nombreuses manifestations, les agite et s'emploie à les faire dégénérer. Elle n'a pas seulement gagné des soutiens dans les classes supérieures, elle a aussi essaimé dans les banlieues, souvent de façon très active, en s'accolant aux collectifs créés sur le terrain, généralement pour contester la version de la police après un drame, une « bavure », selon le terme consacré, avec l'espoir de recruter ces « soldats » nécessaires pour faire nombre. Dans la rue ou dans les urnes, s'agissant de ceux qui se présentent devant l'électorat en espérant conquérir des sièges dans les conseils municipaux.

Depuis, cette nébuleuse s'est professionnalisée. Elle pratique l'art de se servir des manifestants comme d'un bouclier, jusqu'au moment où elle sort ses fanions et passe à l'attaque, visages dissimulés. Tous vêtus de noir, ils ont appris à détecter la présence de policiers en civil censés informer par radio de leurs mouvements. Pendant la longue contestation de la loi Travail, sous François Hollande, j'ai pu observer l'un des fiefs de cette ultra-gauche, l'université Paris VIII, à Saint-Denis. C'est à partir de ce laboratoire que tout démarrait, les matins de manifs, par un petit galop d'essai, le blocage de l'A86 ou d'un pont. On les voyait ajuster leurs lunettes de parfaits combattants, fixer leurs coudières, endosser leur tenue millimétrée. On pouvait toujours tenter de négocier avec eux, mais la crispation venait vite. Le droit, c'est eux, forcément. Ce qu'ils font est à leurs yeux légitime ; à la différence de la police, qui n'aurait aucune légitimité.

À l'instar des voyous ou des terroristes capables de suivre les policiers jusqu'à leur domicile, pour les agresser ou les tuer, cette nébuleuse a pris pour habitude de dresser des listes nominatives de flics. De nous ficher en quelque sorte, pour nous livrer à la vindicte de leurs troupes. Leur détestation prend racine dans les écrits des théoriciens du courant anarchiste. Pour Bakounine et Proudhon, la police incarne l'État et, au-delà, le pouvoir, raison pour laquelle il faut combattre cette institution, et si besoin recourir à la violence contre ses agents. Les libertaires ont adopté ce discours anti-État ; le reste de la mouvance rejette toute action coercitive, qu'elle vienne de la police, de l'armée ou des représentants du capital, mais aussi les banques, les grandes entreprises, les médias de masse, les instances religieuses ou la bourgeoisie, accusés d'exercer une contrainte sur le peuple.

Paradoxalement, cette rhétorique s'est également développée au cours des cinq dernières années dans certains milieux d'extrême droite, avec la résurgence du courant nationaliste-révolutionnaire. Ses membres, pour beaucoup issus des rangs identitaires, volontiers antisémites, développent un discours antisystème. Ils assument l'idée de passer par le désordre pour chasser la classe dirigeante et, à terme, rétablir l'ordre. Ils détestent les policiers, considérés comme des traîtres ayant choisi la classe dominante, constituée pour ces complotistes de juifs, d'étrangers, de francs-maçons, de bourgeois. C'est ainsi que la détestation de la police, jusque-là propre à l'ultragauche, a essaimé à l'ultradroite, dont les militants ont repris à leur compte les slogans comme « ACAB » (pour « *All cops are bastards* ») ou « Un flic, une balle », que l'on entendait traditionnellement dans la bouche de l'ultragauche. Pour les militants des deux bords, les policiers ne sont plus des « arbitres », protecteurs de l'ordre et de la population, mais les membres d'une bande rivale contre lesquels il est normal de se battre, y compris physiquement.

Cette idéologie a conquis au fil des samedis de mobilisation une partie des gilets jaunes. Ni à droite ni à gauche, ces ultra-jaunes se sont découvert un point commun, un goût prononcé pour la contestation violente et l'affrontement avec les forces de l'ordre. La haine du flic fédère le groupe, elle sert de liant social. Ce n'est plus la police comme institution qui est visée, mais l'homme derrière l'uniforme, perçu comme un « collabo » qui aurait fait le choix de s'opposer aux manifestants, ce qui justifie que l'on puisse s'en prendre à lui physiquement. Une dérive qui inquiète nos services de renseignement, la police devenant pour ces manifestants une somme d'individus méritant chacun sa punition, que tout citoyen serait en droit d'administrer. De quoi justifier la divulgation massive des noms des fonctionnaires sur les réseaux sociaux, comme les tentatives de lynchage.

Les réseaux sociaux et l'info en continu : nouvelle puissance incendiaire

Les réseaux sociaux sont désormais la première caisse de résonance de la haine anti-flics, le plus souvent sous le couvert confortable de l'anonymat. Elle y est palpable dans tous les recoins de la toile, qu'elle a envahie au fil des années, avant d'être amplifiée de façon considérable par la crise des gilets jaunes. Les trolls, ces pollueurs en ligne qui ne cherchent qu'à créer des polémiques à coup de commentaires ou de tweets, se sont soudain multipliés comme des sauterelles, rendant l'air du net parfois irrespirable. Depuis leurs comptes, à l'abri de pseudonymes, ils ont concentré leur tir sur la police en général et sur quelques-uns de ses représentants en particulier, maniant sans scrupule l'insulte et la menace. La haine attirant la haine comme se propage un feu de broussailles, des élus ont rapidement mêlé leur voix à ces anonymes, comme à l'accoutumée. Irresponsables, ces représentants ont hurlé avec les loups, mus par une volonté manifeste de récupérer ce qui pouvait l'être, des voix, un camp, une communauté. Voire plus si affinités.

Dans un premier temps, cette mobilisation sociale majeure a suscité empathie et compréhension de la part du plus grand nombre. Une minorité rêvait que tout explose, que les institutions soient renversées ; secrètement à la manœuvre, elle ne sortait pas vraiment du bois. Une majorité de citoyens espérait juste que le mouvement ne dégénère pas, qu'il ne verse pas dans l'incivisme aveugle. Durant cette phase, tous les avis étaient encore audibles. On pouvait s'affronter sur les plateaux, mais chacun avait le loisir de s'exprimer. Les samedis se sont tendus, de plus en plus, mais les principaux médias orchestraient la discussion, faisant se croiser les extrêmes sur les plateaux de télévision, tandis que Facebook permettait aux manifestants de s'organiser, et Twitter à chacun de commenter. Le robinet était ouvert, nul ne pouvant prédire dans quel sens la foule allait basculer, vers la conciliation ou l'énervement général et la brutalité débridée.

Jusqu'à ce samedi 1er décembre qui est venu transformer radicalement le visage du mouvement. L'Arc de Triomphe est saccagé, un pan de la grille qui borde les Tuileries est arraché, manquant de tuer deux personnes. La République est secouée. Ces symboles, forts, laissent entrevoir à ceux qui sont aux commandes de l'État que l'impossible est envisageable. Une prochaine fois, un mouvement de foule hostile serait en mesure de faire céder un barrage, voire peut-être les portes d'un palais – Bourbon ou de l'Élysée –, que visent désormais au grand jour certaines minorités en guerre contre l'ordre républicain. On pourrait même déplorer des morts.

Le glissement se précise le samedi suivant, 8 décembre, jour où la République se reprend, où les politiques affichent clairement leur volonté que force doit rester à la loi, où les policiers reçoivent des consignes carrées, celles d'intervenir en amont, en neutralisant au petit matin les fauteurs de troubles connus. De prévenir plutôt que de réagir une fois les dégâts commis. Journée cruciale, marquée par des centaines de gardes à vue – pas loin de mille rien que pour Paris –, quelques heurts aussi, mais où l'essentiel a été sauvé, et pas uniquement au niveau des symboles : non seulement il n'y a pas eu de morts, mais il y a eu moins de blessés que la semaine précédente, alors que les policiers sont allés davantage au contact et ont procédé à plus d'interpellations. La police a fait une nouvelle fois la preuve qu'elle était respectueuse, courageuse, et bien sûr républicaine.

Le mouvement était-il à court d'arguments et de revendications ? Dans les semaines qui suivent, les gilets jaunes, assemblage disparate de personnes en mal de convergence, trouvent un nouveau ciment : la dénonciation des violences policières. Les réseaux sociaux s'enflamment, poussant la sphère médiatique à embrayer, comme mue par une énorme envie de battre sa coulpe. C'est arrivé d'un seul coup, violemment, alors que nous avions pris soin, pour notre part, de ne pas crier victoire les samedis précédents, d'alerter, même, sur les dangers de sentiments triomphalistes, tant la crise, sévère, secouait nos habitudes...

Sans doute y avait-il le besoin, pour les chaînes d'information, de relancer l'intérêt pour un sujet qui commençait à lasser, de courir après l'audimat perdu, cet objet du désir vil et non avoué. Rien de tel que de bonnes séquences sur les « violences policières », ces yeux crevés par les balles des LBD, ces mains arrachées par des grenades, ces coups donnés ici ou là, le tout bien évidemment sorti de son contexte, seule façon de produire des héros bien sous tous rapports, victimes de l'abominable oppression policière. Les plateaux télé, à l'image des réseaux sociaux, sont brusquement devenus des arènes où plus personne n'écoutait l'autre. Et quand c'était le cas, l'animateur montait le ton pour pousser les intervenants dans les cordes. Les trolls, les ennemis de la République et de la démocratie, des flics surtout, avaient pris l'ascendant et donnaient désormais le tempo, relayés par les influenceurs patentés, les associations faisant profession de dénigrer la police, les militants mus par la haine des flics ou encore les élus faisant leur publicité sur notre dos.

Leur cible, par-delà les policiers : tous ceux qui représentent l'État, les institutions et le pouvoir, ministres, députés ou procureurs. Bref, ceux qui de près ou de loin incarnent l'ordre. Le pire étant qu'un nombre important de personnes considère que les réseaux sociaux respirent la vérité. Que les témoignages qui y sont postés sont forcément sincères, recoupés, étayés, alors que les médias, inversement, ne seraient pas objectifs. Même s'ils ignorent tout de l'auteur des lignes qu'ils lisent sur leur écran.

Selon cette nuée de forcenés du clic anti-flics, chacun aurait le droit de faire ce qu'il veut, de manifester où il le désire, quand bon lui semble, de casser pour se faire entendre, sinon comprendre. Leur liberté ne s'arrête plus où commence celle des autres : elle n'a pas de limite.

Sommes-nous responsables, au moins indirectement, de ces dérives ? Hélas, il faut l'admettre, l'ordre public n'est plus une valeur partagée par tous parce qu'en certains endroits, il n'est plus une réalité. En de nombreux points du territoire, la police doit se déplacer avec prudence et sérieusement harnachée ; une faiblesse qu'exploite la cohorte des malhonnêtes, des menteurs et autres irresponsables qui n'ont qu'un sentiment en partage, la haine de toute forme d'autorité. Plus facile pour eux d'accuser la police de tous les maux que d'assumer leurs propres responsabilités. Même s'ils ne sont pas directement à l'origine du désordre, ils surfent sur la vague à des fins démagogiques et électoralistes. Allons-y, tapons sur les flics *via* Facebook ou Twitter. Cela ne coûte rien, cela fait de la pub, cela crée du lien, de surcroît cela peut conforter une identité, en ce moment c'est à la mode. Et si en plus ça peut rapporter de l'argent, pourquoi se priver ?

Face à l'incendie, il a fallu défendre la police, brusquement, au cœur du ressentiment de ce mouvement inédit par sa durée. Il a fallu résister à tous ceux qui prétendaient retirer à la police ses moyens de défense, ces fameuses armes intermédiaires qui permettent, justement, de gérer l'ordre public en conservant une certaine distance avec la foule, d'éviter le contact direct, plus risqué pour tout le monde. Il a fallu expliquer que les blessures causées volontairement et par des gestes illégitimes restaient marginales et, surtout, qu'elles étaient généralement la conséquence de violences. Il a fallu admettre que, oui, certaines actions des forces de l'ordre n'étaient pas forcément légitimes, et qu'elles auraient pu être sanctionnées, à condition de pouvoir étayer les faits et identifier les auteurs. Il a fallu dire qu'il était faux de prétendre que les policiers étaient habités d'un sentiment d'impunité. Mais rien ne semblait en mesure d'arrêter le rouleau compresseur des réseaux sociaux. Chaque geste, chaque mot étaient repris, déformés, interprétés, utilisés à charge, dans une spirale dont on ne pouvait prédire la durée, mais dont on savait qu'elle engendrerait de nouveaux troubles le samedi suivant, de nouvelles violences, comme légitimées par cette campagne.

C'est ainsi que nous en sommes arrivés au fameux « acte 18 », le 16 mars 2019, au cours duquel des anarchistes ont fait régner leur loi sur l'avenue des Champs-Élysées, ravageant tout ce qui pouvait l'être sous le regard admiratif des gilets jaunes. Ce qui a eu pour effet de relancer la querelle politique, cette fois inversée, puisqu'on ne parlait plus de « violences policières » mais du laxisme honteux de la police débordée par le Black Bloc. Tout en instillant à nouveau le doute parmi certains cadres du ministère de l'Intérieur, partagés entre distance et proximité, entre laisser faire les casseurs pour éviter les blessés ou aller au contact…

Depuis le début du mouvement, nous étions plusieurs policiers à marteler sur tous les tons que la crise des gilets jaunes était une crise sociale, dont l'issue devait être politique, et surtout pas sécuritaire. En vain, puisque les forces de l'ordre se sont retrouvées piégées par la querelle, ramenées chaque samedi qui passait au milieu d'un très mauvais feuilleton, où tout était bon pour alimenter la haine, avec à la manœuvre ces ersatz de journalistes qui considèrent leur carte de presse comme un passe-droit, jouent à se faire peur en se mettant entre la lance à incendie et le feu, ponctuant leur journée de tweets anti-flics. Sans jamais se lasser, à voir la réactivité avec laquelle Raquel Garrido (LFI) a propulsé son tweet inquiet, au soir de l'« acte 30 » des gilets jaunes : « Il me remonte *via* les réseaux sociaux GJ qu'il y a deux morts et une personne dans le coma à Montpellier. Il est question de coups de matraque, de rate éclatée. Y a-t-il des journalistes ou témoins en mesure de confirmer cette information extrêmement préoccupante ? #Acte30. » Tweet effacé peu après avec ce petit mot d'explication : « Dans la mesure où la préfecture de l'Hérault semble dire qu'il s'agit d'une rumeur, et en l'attente de précisions sur l'état des éventuels blessés de l'Acte30, je supprime le tweet. » Une caricature, tant le mouvement auquel Raquel Garrido appartient ne semble plus avoir à proposer comme seul contenu politique que la lutte contre les « violences policières », sans se soucier des approximations et sous-entendus destinés à semer le doute dans l'opinion, voire à attiser la haine. Le tout en déniant tout crédit à la justice, bien entendu.

Il est urgent, à ce stade, de rappeler l'essentiel à nos détracteurs : être contre la police par principe revient à s'opposer à l'un des régulateurs de la vie en société. La présenter comme l'ennemi du peuple, c'est faire fi de sa mission première : juguler les tensions et contenir tous ceux qui refusent les règles de la vie en société. C'est simple, mais peut-être faudrait-il l'enseigner aux enfants : le vivre-ensemble est un acquis dont le maintien passe par la présence d'une police régalienne et républicaine chargée d'appliquer et de faire respecter la loi. Prétendre qu'elle serait à la solde de tel ou tel revient à fragiliser l'équilibre de la société. Soutenir que l'État, par le biais de cette police, se rendrait coupable d'injustices et de violence, c'est oublier que nous sommes en France, pays des droits de l'homme, dois-je le rappeler, pays dans lequel le nombre de « bavures » policières est certainement l'un des plus faibles du monde, et où le système judiciaire, malgré ses failles et ses manques, est l'un des plus justes.

Quel sentiment pseudo-révolutionnaire peut-il permettre de soutenir le contraire ? Qui, sinon les forces de l'ordre, sont là pour faire face aux exactions, aux violences et à tous ceux qui contestent notre démocratie ? Tous ne remettent pas ces fondements en cause, je le sais bien, mais entre la cacophonie des réseaux sociaux, le tintamarre des chaînes d'info en continu, les sempiternelles querelles politiciennes, une minorité active qui piétine le débat et une majorité silencieuse même si elle n'en pense pas moins, nous ne sommes pas gâtés.

Et cela alors que nous traversons l'une des pires périodes que la police ait connues, confrontée à la fois à une crise sociale interminable, à la menace terroriste et à une délinquance de masse.

Quand les professionnels misent sur la haine

La crise des gilets jaunes a fait émerger les ennemis de la police au grand jour, les vrais, les purs, les jusqu'au-boutistes, mais aussi les démagos avant tout soucieux de faire fructifier leur fonds de commerce. Et ils sont nombreux, à cogner sur les flics dès que l'occasion se présente ou à plaider la cause de ceux qui leur tapent dessus dans la rue, en vrai.

J'ai subi leurs attaques lorsque j'étais en service. Au fil de cette crise, j'ai observé leurs méthodes se répandre dans les médias, qui les invitaient à tour de bras pour créer la polémique. Ils y consacrent tout leur temps et ne s'épuisent jamais. Ils détestent les flics, qui le leur rendent bien, car leur haine est tellement flagrante qu'elle ne suscite aucune forme de compréhension – juste le mépris, permettez-moi.

Ces professionnels de la haine anti-flics sont tellement caricaturaux que certains considèrent qu'il ne faut même pas leur répondre. J'ai accepté le débat en veillant à choisir le bon tempo. Je ne voulais pas leur laisser le champ libre. Comment se plaindre de leur dogmatisme et de leur agressivité si on ne va jamais les contredire ? Ces gens-là excellent dans la communication, forts de leurs certitudes idéologiques, mais il existe un espace pour ramener le débat sur le terrain du droit et de la réalité.

Ces ennemis viennent d'univers différents et font preuve de plus ou moins d'élégance. Certains ne sont pas sincères, on sent que la haine est chez eux une posture médiatique, mais qu'au fond, ils aiment l'ordre et la loi. C'est surprenant, mais c'est notamment le cas de quelques élus communistes ou de la France insoumise. Tant que le micro est branché, ils justifient les violences des manifestants en leur opposant celles de la police, se refusent à condamner les exactions, justifient la casse par la haine, comme l'agression des flics. Lorsque le micro se coupe, terminé, ils sortent brusquement de leur posture, on peut discuter, pour un peu on tomberait même d'accord. Du moins tant qu'il n'y a pas de témoins – cela pourrait nuire à leur commerce électoral. Cela semble cynique, mais c'est la réalité. La politique est un spectacle, et plus souvent un film de série B.

Avec d'autres, c'est plus frontal. La haine se lit dans leurs yeux, s'entend à travers leur ton, suinte par tous les pores de leur peau. Même si c'est parfois un rôle qu'ils se donnent, le fruit d'un travail d'acteur, ils sont généralement convaincants. J'ai eu l'occasion de débattre en direct avec quelques-uns, notamment avec Arié Alimi, avocat de la Ligue des droits de l'homme, comptant de nombreux gilets jaunes parmi ses clients – c'est du moins ce qu'il prétend. Je dis « prétend », car j'ai vécu une expérience assez surréaliste à ses côtés. À la faveur d'une pause publicitaire, le présentateur de l'émission se tourne vers lui et lui confie avoir reçu plusieurs messages de protestation de la part de la famille de celui dont il affirme assurer la défense, une victime de supposées violences policières, très exposée médiatiquement. En clair, ils ne l'auraient pas désigné comme avocat. L'ambiance est étrange sur le plateau. Le journaliste ne cache pas sa gêne, mais l'avocat tient tête et persiste à revendiquer la défense du gilet jaune, même si le doute traverse son regard, comme celui du présentateur et des autres invités. L'émission reprend finalement comme si rien ne s'était passé.

Arié Alimi est typiquement le « bon » client. Jamais avare de vilains mots à l'égard des forces de l'ordre, il assure le spectacle. La haine est palpable dès les premiers propos, presque grossière, emballée dans un carcan idéologique prêt à l'emploi. Plus il montre les dents, plus il attaque, plus il est agressif, plus il a sans doute de chances de convaincre sa clientèle potentielle qu'il est bien l'homme de la situation. Il assène ses vérités et ses conclusions comme s'il maîtrisait le sujet, mais sur le plan technique, abordant la question des armes de défense intermédiaires, il s'emmêle vite les pinceaux. Comme bien d'autres, il confond GMD (grenade manuelle de désencerclement) et DMP (dispositif manuel de protection), GLI F4 (grenade lacrymogène instantanée) et grenades défensives. Il voudrait passer pour un spécialiste, mais cherche surtout le buzz qui lui permettra d'asseoir sa notoriété comme avocat des victimes des policiers. Il est là pour faire le procès des flics, au diable la présomption d'innocence ! Peu importe que les faits soient avérés ou pas, tant qu'ils permettent de réclamer haut et fort la suppression du LBD (lanceur de balles de défense) et l'interdiction des grenades. À entendre ce champion des droits de l'homme, il faut condamner les policiers en masse. Le monde se divise en deux camps, au détriment de toute contextualisation, de toute analyse de fond : les gentils gilets jaunes victimes de l'État policier d'un côté, de l'autre les méchants flics qui blessent et mutilent aveuglément.

Samedi 1er juin 2019, alors que s'essouffle le mouvement des gilets jaunes, me voilà de nouveau face à lui, cette fois dans un studio de France Info. La première question lui est adressée. Le journaliste lui demande s'il est satisfait des dernières déclarations du procureur de Paris, Rémy Heitz, qui vient d'annoncer que des policiers seraient bien renvoyés devant des juridictions pour y être jugés. Eh bien non ! L'avocat surenchérit. Il clame son inquiétude à l'idée de voir seulement « quelques » policiers jugés, alors que son allié du jour, le journaliste David Dufresne, érigé depuis le début du mouvement en censeur des violences policières et invité lui aussi, a recensé pas moins de… huit cents signalements. Sous-entendu, ce ne sont pas « quelques » policiers qui devraient être traînés devant les tribunaux, mais au moins huit cents !

La posture est agressive, dans le but d'énerver les contradicteurs en répandant l'idée que toutes les violences seraient illégitimes. Lorsque l'on ramène le débat sur le terrain du droit et de la raison, en conservant son calme, il est cependant possible d'affaiblir cette rhétorique fleurant bon le procès politique. C'est pourquoi j'affirme que la police ne doit pas laisser ce genre de personnes seules en scène. Si on m'avait dit, quelques années auparavant, que je débattrais un jour avec les meilleurs, ou plutôt les pires, ennemis de la police, je n'y aurais pas cru. Mais je suis désormais convaincu qu'il faut faire entendre notre voix dans les médias. Au public de trancher entre ceux qui placent le débat sur le terrain exclusivement idéologique et la franchise des professionnels, qui connaissent le terrain aussi bien que le droit.

Je fais partie de ceux qui considèrent que l'opinion publique peut se conquérir, que c'est même, pour nous, policiers, un impératif. En prenant soin toutefois de ne pas tomber dans un autre travers, qui consisterait à s'interdire tout recul critique à l'égard de l'action du ministère de l'Intérieur. Invité sur le plateau de l'émission « C à Vous » (France 5), je me suis ainsi permis de soutenir que les chiffres avancés par David Dufresne étaient faux. Ce journaliste recense les signalements d'inconnus qui lui envoient des photos, un descriptif de leurs blessures et parfois des certificats médicaux. Que valent ces documents si aucun travail n'est effectué pour vérifier le lieu de commission des faits, recouper ces déclarations avec des témoignages, établir les circonstances, définir le projectile ou le type de coups à l'origine de la blessure ? La réponse tient dans la question. Et quand bien même la blessure alléguée serait réelle, qu'elle ait effectivement été provoquée lors d'une manifestation, à la suite d'une action de la police, rien ne permettrait de la classer dans la rubrique « violences policières », sous-entendu illégitimes. Ces chiffres ont donc peu de crédibilité. D'ailleurs, un internaute a piégé le journaliste en lui envoyant des éléments au sujet d'une cheville soi-disant blessée par un projectile lancé par la police ; il l'a avisé un peu plus tard que cette entorse était due en réalité à une activité sportive, deux ans auparavant. David Dufresne s'est contenté de supprimer son tweet et ce signalement mensonger, sans autre commentaire. Comme si de rien n'était, il a défendu malgré tout ses chiffres avec ardeur. En attendant, il peut se targuer d'avoir contribué à perpétuer un mouvement qui avait débuté avec des revendications légitimes et parfaitement audibles, avant de se perdre dans des défilés de mutilés victimes de l'oppression policière, comme si la haine de la police était désormais le dernier et unique dénominateur commun de ce qui subsistait du mouvement.

Précisons que lors de cette même émission, j'ai aussi souligné que les chiffres du ministère de l'Intérieur n'étaient pas plus crédibles. On ne peut en effet comptabiliser que les blessés traités par les services de secours étatiques, pompiers ou Samu, excluant ceux qui préfèrent échapper, pour des raisons qui les regardent, à tout signalement. Par ailleurs, ne l'oublions pas, toutes ces personnes ne sont pas blessées à la suite d'une action policière. Entre ceux qui se mutilent avec leurs propres engins incendiaires, ceux qui chutent d'un échafaudage, ceux qui se coupent en s'attaquant aux vitrines et ceux qui butent dans leur course sur des obstacles qu'ils n'ont pas vus… la liste est longue des accusateurs qui dénigrent un peu trop facilement la police, parce que c'est une posture qui rapporte.

Les « street medics », ces équipes habillées de blanc qui circulent au milieu des cortèges de manifestants en prétendant soigner les blessés, participent activement à cette diabolisation de la police. La couleur de leur blouse évoque la pureté, mais ces soignants font partie intégrante, le plus souvent, de la nébuleuse d'ultragauche. On les a vus à plusieurs occasions gêner délibérément la progression des forces de l'ordre, quand ils ne transportent pas carrément du matériel pour les autres. Ces activistes déguisés en infirmiers peuvent également soustraire au regard du Samu des blessés qui souhaiteraient échapper aux services officiels.

Sur le plan idéologique, leur simple présence est par ailleurs une façon de contester à la police la possibilité de se positionner comme sauveteur – une casquette que nous sommes, il est vrai, incapables de mettre en avant. Loin d'être neutre, cela revient à nier la moitié de notre vie de flic. J'ai moi-même sauvé plusieurs fois des gens de la mort au cours de ma carrière. Mais cet aspect-là n'intéresse pas cette mouvance, dont le but ultime restera toujours de faire passer les flics pour des méchants. La gifle donnée par un CRS excédé tournera en boucle sur leur réseau, tandis qu'ils se moqueront royalement que ce même policier se soit dévoué pour aller extraire quelqu'un d'un immeuble en feu, qu'il ait sauté à l'eau pour sauver un braqueur qui venait pourtant de pointer son arme vers lui, ou qu'il ait tenu à bout de bras un dépressif suspendu trente mètres au-dessus du vide pour l'empêcher de se suicider. Ces petits événements ne font pas le buzz mais représentent pourtant le cœur de notre métier, parfois exercé par des hommes aussi courageux qu'inconscients. Courage et témérité qui, dans une affaire que j'ai connue, a poussé un tandem de mes motocyclistes à poursuivre à 200 km/h sur l'autoroute deux braqueurs s'échappant sur leur scooter T-Max...

Mais nos contempteurs sont pour la plupart indécrottables, tant ils sont prisonniers de leur dogmatisme, je dirais même de leur fanatisme, les réseaux sociaux incitant à la caricature. Quand on est favorable à l'ordre républicain, pour certains de ces propagandistes, on est immédiatement classé dans le camp des « fachos ». Ils nous reprochent sans rire d'« étouffer » les banlieues ; tout juste si les policiers ne seraient pas eux-mêmes à l'origine des violences urbaines…

Les ennemis de la police sont les ennemis de la société

Ceux qui brandissent à tort et à travers le concept de « violences policières » ont un objectif : associer le mot « flic » au mot « violent ». Au passage, la manipulation vise à déposséder le policier, et l'institution elle-même, de l'usage légitime – et légal – de la violence.

Comme autant de coups de canif portés au « vivre-ensemble », ces idéologues s'emploient à nier les évidences. Au fil des manifestations, ils n'ont cessé de nier l'existence de réelles victimes, ces commerçants qui ont tout perdu et qui même, pour certains, ont dû déposer le bilan après le passage des casseurs, avec à la clef des employés réduits au chômage. Ils ont nié la peur et la terreur semée dans de nombreuses villes, dont les populations ont été les principales et premières victimes. Ils ont nié la nature même du mouvement, la gravité des faits commis et la violence extrême déployée par des groupes spécialisés dans les incendies volontaires, les dégradations, les pillages, l'attaque d'immeubles d'habitation et le jet d'objets incendiaires sur des magasins, des véhicules et sur les flics eux-mêmes.

Ce qui m'a paru consternant, à mesure que s'installait au printemps 2019 ce débat autour des « violences policières », c'est que plus personne ne songeait à rappeler les faits, juste les faits, qui auraient permis de décrire le contexte et de qualifier les violences. Celles des manifestants, qu'ils soient extrémistes ou pas, qu'elles soient graves ou légères, restent toutes illégitimes et illégales. Aucun cadre ne permet l'usage de la violence, en France, par des citoyens à l'encontre d'autres citoyens ou des forces de l'ordre. Lancer un pavé, brûler une voiture, participer à un attroupement armé, hurler des menaces, agresser un policier, tous ces actes constituent autant d'infractions pénales susceptibles d'entraîner une peine, selon le profil de l'auteur et les circonstances.

Les violences des forces de l'ordre, n'en déplaise à nos détracteurs, sont pour leur part légales et légitimes dans l'immense majorité des cas. Le monopole de la violence légitime est d'ailleurs reconnu à la puissance publique depuis Max Weber. Laisser planer le doute, c'est chercher à mettre au même niveau les violences de la police et les violences des manifestants, comme si le cadre républicain avait volé en éclats et que deux bandes rivales s'affrontaient dans la rue.

Voilà posés les termes du débat, entre le champ du légal et celui de ce qui ne l'est pas.

Pour ceux qui feignent de l'oublier, rappelons ceci : lorsque la foule manifeste sans hostilité, lorsqu'elle respecte les règles de ce genre de défilés, aucun responsable des forces de l'ordre ne recourt à l'usage de la force. Croire le contraire, c'est faire preuve de méconnaissance, comme ceux qui ont prétendu que les CRS étaient prêts à « basculer » du côté des gilets jaunes après avoir vu des images, au début du mouvement, sur lesquelles des manifestants échangeaient dans la bonne humeur avec des policiers. Ce n'était pas un accès de faiblesse ni le signe que le barrage allait s'ouvrir ; en toute circonstance, quand le dialogue est possible avec les manifestants, il est la règle. C'est précisément lorsque la discussion se bloque que les manifestants basculent dans les actes de violence et les dégradations, conduisant les forces de l'ordre, organisées en unités constituées et sous le commandement de l'autorité civile, à recourir à la force. Il s'agit à cet instant pour nous de tenir le terrain, d'empêcher un mouvement vers une zone protégée, de faire cesser des exactions ou de disperser une foule hostile, ce qui peut difficilement s'effectuer dans la douceur.

En englobant toute blessure survenue dans le cadre d'une manifestation sous la rubrique « violences policières », ceux qui détestent la police pratiquent l'amalgame volontaire à des fins politiques, l'idée étant à la fois de nous salir et de produire des héros susceptibles de fédérer leur mouvement. Il serait inconvenant de laisser entendre qu'il n'y en a eu aucune au fil des centaines de manifestations survenues sous la bannière des gilets jaunes, pendant de nombreux mois, sur tout le territoire. Certaines images diffusées en boucle accréditent d'ailleurs l'idée que les policiers, à titre individuel, ne sont pas au-dessus de tout reproche : un manifestant giflé au visage est une victime de violences illégitimes. Légères si aucune ITT n'est signalée, mais illégitimes, même si au-delà de l'image elle-même on est en droit de se demander si le manifestant n'était pas un membre du Black Bloc qui venait juste d'enlever sa cagoule après avoir commis des dégradations. Le contexte, en l'occurrence, apporte un éclairage, mais le manifestant giflé reste une victime de violences illégitimes. L'interpellation, même par la force, se justifierait, pas les gifles.

Pour autant, les choses ne sont pas aussi simples que le voudraient ceux qui communiquent de façon extrêmement ciblée avec la volonté d'imposer leur thèse au plus grand nombre. Un homme dont la main est arrachée par une grenade qu'il aurait ramassée au sol n'est pas une victime de violences illégitimes, à condition bien sûr que la grenade ait été lancée selon les règles. Une personne blessée à l'œil par un tir de LBD est un blessé grave, mais sans vouloir choquer quiconque, ce n'est pas forcément une victime de violences illégitimes. Celui qui recourt au LBD ne doit viser ni la tête ni les parties génitales, mais le buste. La violence devient illégitime dans le cas où il vise volontairement la tête. Dans l'hypothèse où le policier fait face à un groupe auteur d'exactions, qui agresse les forces de l'ordre, dans une situation confuse, il n'a d'autre choix que de riposter avec son LBD pour maintenir cette nébuleuse à distance. Il est toujours expressément interdit de viser intentionnellement la tête, même au cœur de l'émeute, mais comprenez qu'il peut être difficile d'ajuster le tir si la personne est en mouvement, ou si le tireur est lui-même sous une pluie de projectiles. Dans ce cas de figure, on a bien un blessé, mais pas une victime de violences illégitimes.

On peut débattre de la gravité d'une blessure, du maintien ou du retrait d'une arme comme le LBD. Mais n'en déplaise à nos détracteurs, qui gomment consciencieusement le contexte, une blessure ne peut définir, par principe, une violence illégitime sous le seul prétexte qu'elle serait inacceptable. Au-delà de ces postures se pose par ailleurs la question de la responsabilité individuelle ou collective, dans la mesure où les policiers, à la différence des manifestants, ne revendiquent pas l'impunité totale. Dans le cadre d'une opération de maintien de l'ordre, ils ne sont plus officiers (ou agent) de police judiciaire, ils évoluent en unités constituées. L'une des difficultés de la justice sera de distinguer la faute individuelle, l'erreur personnelle détachable de tout ordre, de la responsabilité de l'unité, engagée sous le commandement de l'autorité légitime. Il en va de la cohésion des forces de l'ordre, du respect qui leur est dû, sachant qu'il ne serait pas acceptable de transformer en fusibles des fonctionnaires qui ont fait face dans des conditions extrêmement difficiles à une crise majeure.

Torts partagés

Sur le compte de nos torts, il faut admettre une part d'amateurisme dans la gestion de la crise des gilets jaunes. Mis à mal sur le terrain, pointé du doigt pour avoir laissé se commettre d'importants dégâts autour des Champs-Élysées, le dispositif de la préfecture de police de Paris a été entièrement revu. Du jour au lendemain, une certaine rigidité des effectifs a été bousculée au profit d'une indispensable mobilité. En une semaine, les stratèges ont inventé ce qu'ils ont d'abord appelé, avec un brin d'ironie, les DAR (détachements d'action rapide), devenus plus tard les BRAV (brigade de répression des actions violentes) à l'initiative du nouveau préfet de police. Une idée innovante, sauf qu'à l'heure de former ces petits groupes mobiles censés neutraliser les casseurs en action, on a convoqué des policiers souvent très jeunes dans le métier, pas formés pour ce genre d'interventions et qui ne s'étaient jamais entraînés ensemble dans une optique de maintien de l'ordre. Ils ont dû s'équiper eux-mêmes, à l'arrache, chez Décathlon ou ailleurs. On a eu besoin d'eux, ils se sont mobilisés. Ils ont eu du mérite, mais ils n'étaient pas tous prêts, et cela s'est vu, avec ici et là certains gestes inappropriés qui ont enflammé les réseaux sociaux. Tout comme le fait d'être équipés de bric et de broc a accrédité, auprès des complotistes de tous bords, l'idée que ces policiers s'étaient volontairement déguisés en manifestants pour semer le trouble, voire alimenter la casse, à la demande d'un chef qui aurait perdu la tête.

Une faute de nos cadres, mais ceux qui exercent le métier de flics de la sécurité publique ont l'habitude – eux à qui l'on demande de faire tourner la PSQ (police de sécurité du quotidien) voulue par le pouvoir – d'endosser le rôle de primo-intervenants en cas d'attentat, de lutter contre la délinquance de masse, et maintenant de neutraliser les émeutiers en gilets jaunes… Ils ont répondu présents, comme ils l'ont toujours fait, mais à force de tirer sur la corde, on court le risque de dérapages regrettables.

Faute encore, mais cette fois le coup de poignard est venu de l'intérieur. Je veux parler de la prise de position dans les médias de ce colonel de gendarmerie qui laissait entendre que les siens étaient bien meilleurs que les policiers dans les opérations de maintien de l'ordre. Non seulement ce haut gradé s'est assis ce jour-là sur son devoir de réserve, mais sur le plan de la morale, il n'était pas très élégant de sa part de dénoncer ses petits camarades. Les policiers se sont-ils moqués des gendarmes lorsqu'ils ont abandonné aux casseurs un péage autoroutier dans les environs de Narbonne, en pleine crise des gilets jaunes ? Sont-ils montés au créneau pour les enfoncer lorsqu'un manifestant a été tué dans le cadre de l'évacuation de la ZAD de Sivens (Tarn), le 26 octobre 2014 ?

En dénonçant sans nuances la façon dont les policiers avaient repris le contrôle, il est vrai par la force, d'un établissement Burger King parisien, le 4 décembre 2018, ce colonel s'est clairement inscrit dans les pas des associations qui prospèrent en présentant les flics comme des voyous. Il a remis une pièce dans le juke-box de ceux qui détestent la police. Du pain bénit pour nos détracteurs, soudain confortés par un militaire, par définition crédible ! Je rappellerai à notre « cousin » gendarme que ce jour-là, dans la capitale, un nombre considérable de commerces avaient été ravagés. Et que le seul objectif de ces policiers était de mettre un terme à la casse, fût-ce en sortant les manifestants de ce restaurant par la force.

Les policiers ne sont cependant pas les derniers à lancer de nuisibles rumeurs. Celles qui entourent la question des primes touchées par les commissaires font des ravages dans les esprits, outre qu'elles alimentent une inutile lutte des classes dans la maison. La première remonte à plus de dix ans, précisément à un tract émanant d'un syndicat de gardiens de la paix, relayant au sujet de ces primes les chiffres les plus fous. Les dégâts ont été colossaux, mais le pire était à venir, lorsque le représentant d'un syndicat de police affilié à la CGT, quasi inexistant au demeurant, a expliqué au grand public, en pleine crise des gilets jaunes, que le nombre de tirs de LBD servait d'indicateur aux primes des patrons, qui pouvaient ainsi doubler leur salaire sur le compte des manifestants éborgnés. Pas le premier à raconter n'importe quoi, puisqu'un magistrat apparenté au Syndicat de la magistrature avait affirmé il y a quelques années que ces mêmes primes étaient indexées sur le nombre de gardes à vue. Ce genre d'affirmations, venues de nos propres rangs, d'un homme qui de surcroît ne représente que lui-même, a fait les délices de tous ceux qui font profession d'affaiblir la police. Comme si certains d'entre nous cherchaient à attiser les rancœurs, ce carburant de la haine…

Au-delà de ces torts individuels, la police nationale porte bien sûr une responsabilité collective face à la dégradation de son image. Peu d'institutions sont aussi incapables que la nôtre de se mettre en valeur, de porter tout simplement un discours audible au milieu des critiques. La faute à ceux qui la dirigent, à la classe politique, mais aussi à ses propres membres, qui manquent trop souvent de cohésion et négligent l'esprit « maison », à la différence des pompiers ou de la gendarmerie nationale, la force « cousine ».

Lors de l'incendie historique de la cathédrale Notre-Dame de Paris, le travail admirable des pompiers a été relayé de façon tout aussi remarquable par leur chef. À plusieurs reprises, on a vu leur général sur les écrans, on l'a aussi entendu mettre en valeur le traitement de l'incendie par ses pompiers. Lorsqu'il s'est agi, au lendemain du sinistre, de mettre à l'honneur les soldats du feu, la machine militaire a su les placer sur le devant de la scène. Une leçon pour la police, d'autant qu'aucune polémique n'a éclaté, faute de voir l'un d'entre eux s'épancher publiquement. Pas un pompier pour se plaindre dans la presse qu'il avait été gêné par la circulation, par le manque de moyens, ou je ne sais quoi d'autre. Pas une ride, pas un faux pli pour salir l'exploit.

Les gendarmes, eux aussi, nous donnent des leçons dans le domaine de l'image. Au lendemain de l'attaque terroriste de Trèbes, avec le décès tragique d'Arnaud Beltrame, l'armée a affiché une parfaite cohésion. Du gendarme de base au directeur général, tous ont paru soudés. L'intervention elle-même a été valorisée, cet officier ayant pris la décision héroïque de remplacer un otage. Bien que contraire aux protocoles d'intervention, son geste a été mis en valeur. Tous les gendarmes qui se sont exprimés publiquement ont souligné unanimement le sens du sacrifice de ce militaire exemplaire, référent terrorisme dans l'Aude. Pas un pour émettre la plus petite critique, pas un pour remettre en cause, même du bout des lèvres, le discours officiel. Rien n'est venu troubler l'émotion de la population, pas une fausse note dans la presse. L'union nationale n'a pas souffert la moindre interrogation, d'ailleurs le président de la République a élevé le colonel, à titre posthume, au rang de commandeur de la Légion d'honneur. Du jamais vu, lui qui n'avait jusque-là reçu que l'ordre du Mérite !

Ce jour-là, je me suis dit que cette institution, la gendarmerie, savait décidément se montrer soudée et unie. Que serait-il advenu si un gradé de la police avait réalisé le même sacrifice ? Il y aurait eu des critiques, si j'en juge par ce qui s'est passé trois ans auparavant après la terrible attaque terroriste du 13 novembre 2015. Le travail de nos services d'intervention, le RAID et la BRI, au Bataclan – l'une des missions les plus dangereuses depuis le détournement d'un Airbus à Marignane en 1994 – a suscité l'admiration de la France entière. Le courage et la bravoure des policiers ont été salués, eux qui venaient de sauver tant de vies en mettant la leur dans la balance. Résultat ? Une guerre des chefs à ciel ouvert dans la presse, chaque chapelle essayant, en coulisses, de démolir le travail de l'autre au nom d'un ego mal placé. Une brèche dans laquelle se sont aussitôt engouffrés les gendarmes, le GIGN (groupe d'intervention de la gendarmerie nationale) sautant sur l'occasion pour faire savoir qu'il aurait pu intervenir le soir des attentats, quitte à s'arranger sur les horaires de sa présence supposée à Paris.

Face à la propagande orchestrée par ceux qui ne ratent pas une occasion de taper sur la police, saturant les réseaux sociaux, une mise en valeur de nos résultats ne ferait de mal à personne. Il faudrait aussi savoir mettre en sourdine ces conflits latents qui fissurent l'édifice de l'intérieur, chaque chapelle se rêvant meilleure que la voisine. Loin de moi l'idée de voir des chefs glorifiés, il s'agirait simplement de réapprendre à faire corps avec l'institution. Même lors des pires crises, les gendarmes jouent le jeu de leur maison, ils lui restent fidèles une fois retraités, prêts à raconter n'importe quoi pourvu que cela mette en relief leur action, individuelle ou collective. Dans la police, sans doute à cause de notre fonctionnement en tuyaux d'orgue, ou en silos, chacun défend son couloir. Les inimitiés prospèrent, le moteur du dénigrement se met en marche, et les comptes finissent par se régler en place publique, par presse interposée.

Quel exemple plus criant de ces différences de traitement que le double épilogue des attentats de janvier et de novembre 2015 ? Après l'assaut des gendarmes dans une imprimerie de Dammartin-en-Goële, au surlendemain de l'attaque de *Charlie hebdo*, et la neutralisation des frères Kouachi, un voile pudique a été mis sur les conditions de l'intervention. Pas de polémique, pas de dissensions visibles, malgré l'énorme puissance de feu déployée.

Onze mois plus tard, la police intervient dans cet appartement de Saint-Denis où ont été localisés les derniers membres du commando qui vient d'attaquer la capitale. Le scénario est à peu près le même – avec un usage maximum de la force, proportionné à la dangerosité des individus – et le résultat identique : l'élimination des terroristes. Mission accomplie. Sauf que dans le cas de la police, à la suite il est vrai d'un cumul d'erreurs de communication, la polémique flambe immédiatement autour d'un usage abusif de munitions, sans oublier la mort d'un chien du RAID au cours de l'assaut, attribuée aux policiers eux-mêmes. Les informations diffusées dans les médias ne sont pas toujours précises, elles sont parfois fausses, mais personne n'estime utile de rectifier. Les derniers membres du commando terroriste ont été éliminés, l'objectif a été atteint, mais on ne retient que le brouhaha de la critique. Avec des conséquences durables pour le moral des policiers qui se sont exposés ce jour-là au péril de leur vie…

Je déteste l'injustice, c'est même la raison pour laquelle j'ai choisi ce métier – et aussi ce qui m'a poussé à écrire ce livre. La haine dont les flics font l'objet relève trop souvent de l'injustice gratuite, mais il me faut concéder que la police ne montre pas toujours l'exemple sur ce terrain-là. J'ai croisé au fil de ma carrière trop de chefs injustes et incompétents, ne pensant qu'à leur carrière et n'écoutant que leur lâcheté. Je ne les nommerai pas, je ne leur ferai pas ce plaisir, cette publicité – ils se reconnaîtront –, mais le fait est qu'ils écornent égoïstement l'image de la police au profit de leurs intérêts personnels. C'est à eux que songent les gardiens, gradés ou officiers, quand ils évoquent un management déshumanisé, et ils ont raison. Je défends la police, je défends les commissaires, je défends les flics, mais je ne défendrai pas ces personnages. Chaque métier, chaque corporation a ses cons. La police comme les autres. Ils représentent une part minime, mais on en trouve à tous les étages. C'est seulement plus embarrassant quand c'est celui qui dirige un service, un département, ou plus encore. Tous les services sous ses ordres en pâtissent ; les liens se tendent, tandis que de jeunes commissaires ou officiers s'emploient, aux échelons inférieurs, à tenir le navire pour assurer l'ordre public. Un chef sans empathie ne sera jamais un chef. J'en ai connu quelques-uns de grande qualité quand j'ai démarré, comme Jean-Yves, mon premier taulier. Il marchait à la confiance, à l'ancienne. On faisait de belles affaires, il les valorisait, tout le monde était gagnant. Le contraire de certains qui aujourd'hui ne développent que trop peu d'empathie. Jean-Yves avait de l'humour, il savait rire, y compris de lui-même. Le contraire de ceux que je n'ai pas nommés. J'adorais voir sa tête quand il sortait du resto, le midi, et qu'il cherchait sa voiture qu'on avait déplacée d'une centaine de mètres en récupérant le double des clefs au secrétariat ; on le filmait depuis le sous-marin (le véhicule de surveillance) et on pleurait de rire – on s'est toujours demandé pourquoi il revenait l'air de rien, sans parler à personne de sa mésaventure… Tous ne diffusent malheureusement pas autour d'eux la même humanité, prenant le risque d'aggraver les fractures au sein de notre maison.

TROISIÈME PARTIE

LA POLICE EN OTAGE

Le flic est un homme comme les autres

La police a toujours tort, quelle que soit l'issue de l'histoire. Tort parce qu'il y a eu de la casse en marge d'une manifestation ; tort parce qu'il y a eu des arrestations parmi les casseurs. Au fait, qui sont-ils, ces flics otages de querelles politiques qui souvent les dépassent ? Ce sont d'abord des personnes avant d'être des matricules ou des uniformes que l'on brocarde au coin de l'avenue ou derrière son clavier. C'est pourquoi j'ai jugé indispensable de vous en présenter quelques-uns, auxquels je me suis attaché d'une façon ou d'une autre.

Daniel est un de ceux à qui je dois beaucoup, même s'il ne le sait pas. Quand je fais sa connaissance, il a le grade d'enquêteur, l'équivalent de gardien de la paix, mais en civil. Il appartient au groupe « stups » que j'intègre au sein de la Sûreté départementale, en 1995, tout juste sorti de l'école des inspecteurs (qui deviendra l'année suivante école des officiers de police, réforme oblige). Nous sommes trois à être affectés le même jour dans ce service, tous copains, amateurs de rugby, de fêtes, motivés et hyper disponibles.

Daniel a trente-cinq ans, dix ans de plus que nous. Typiquement le gars qu'il faut connaître quand on démarre une carrière, il a un sacré caractère et une vraie expérience. Malin, rusé, bosseur, vicieux comme il faut, il « envoie », comme on dit chez nous. Je lui dois une planque de douze heures dans un « soum » (un véhicule de planque), tout seul, pour rien. Enfin si, l'épisode a sans doute servi à tester mes capacités de résilience. Je savais bien que je perdais mon temps dans ce fourgon stationné devant un lycée, où j'étais censé repérer un dealer. Je sentais qu'ils prenaient un certain temps pour me répondre lorsque je demandais des nouvelles à la radio. En regagnant le service, j'ai vu la tête de Daniel et celle du chef de groupe. J'ai compris qu'ils me testaient sur mes compétences, tous mes PV étaient d'ailleurs attentivement lus et relus. J'avais beau avoir le grade, je démarrais de zéro. J'étais en apprentissage, je devais la fermer, faire mes preuves et respecter les anciens. J'observais Daniel, capable au terme d'une journée débutée à 5 heures du matin, avec une perquisition à 6 heures, de revenir au service après le dîner, vers 23 heures, pour faire parler un type enfin mûr et coucher ce qu'il fallait sur procès-verbal, non sans obtenir sa signature au bas du document, en attendant la satisfaction de le voir confirmer ses déclarations le lendemain chez le juge.

À ce groupe, je dois ma première interpellation « musclée ». L'occasion rêvée de mettre en avant mes qualités de rugbyman. Trois coups de bélier font sauter la porte d'un appartement à 6 heures du matin. J'ai juste le temps d'apercevoir l'objectif, debout dans la pièce principale et encore ahuri par le vacarme qui l'a fait tomber de son lit. Motivé, j'arrive sur lui en planche comme pour une finale de Coupe du monde. Le plaquage nous fait voler tous les deux dans les meubles, mais empêche ce voyou patenté de s'emparer du pistolet posé sur la table basse.

Daniel, c'est mes premières auditions, mes premières planques, mes premières peurs, mes premiers fous rires, mes premières sorties de flic pour fêter des affaires de flics : le film « Polisse » de Maïwenn a très bien montré cela, quand le groupe part faire la fête en boîte de nuit pour décompresser. Ch'ti, célibataire, il donnait beaucoup au boulot et le boulot lui a pas mal rendu. Un concours spécial d'officiers s'est présenté, on l'a poussé, il a été reçu. Lieutenant en commissariat, il est revenu à la Sûreté quand j'étais moi-même parti comme élève commissaire. Devenu capitaine, puis commandant, il a fait une belle carrière dans l'investigation. Chieur pour certains – parce qu'il n'avait pas sa langue dans sa poche –, il n'en restait pas moins un pro. Après un

AVC à la veille de sa retraite, dont il s'est remis avec une grosse frayeur, la boîte l'a laissé partir sans même se souvenir de ce qu'il lui avait donné. Monstre froid, l'institution a repris sa carte et son arme, oubliant de le récompenser, à défaut de le décorer ; on lui a tout de même organisé un pot de départ, entre anciens…

J'espère que Claudine ne m'en voudra pas de dire quelques mots au sujet de l'abnégation dont elle fait preuve au quotidien. Claudine, que j'ai connue au commissariat de Saint-Denis, est brigadier-chef. Une quarantaine d'années, mariée à un collègue, toujours d'humeur agréable, souriante et respectueuse, elle est la constance incarnée. Claudine travaille pourtant au sein d'un service plus difficile que les autres, l'unité de traitement en temps réel, le « ramassage », comme on dit. Chaque jour, elle voit passer des dizaines d'auteurs d'infractions, vols, cambriolages, vente de stupéfiants, agressions, tous ceux qui font de Saint-Denis une des villes les plus criminogènes de France. Autant dire qu'elle fait face une bonne partie de la journée à des gens qui hurlent, menacent, agressent et ne respectent rien ni personne. Un travail d'autant plus ingrat que les satisfactions sont rares, les suites données par la justice à ces actes étant le plus souvent décevantes.

Pour autant, je n'ai jamais vu Claudine se départir de son calme, de son sang-froid, de sa lucidité. Je ne l'ai pas non plus sentie envahie par la démotivation, ce que je trouve admirable. Je n'ai su que tardivement, plus d'un an après mon arrivée dans ce commissariat, que cette mère de famille luttait contre une maladie grave, dont elle ne s'est jamais plainte non plus.

La police oscille entre sa légende, les fantasmes qu'elle suscite et ses multiples détracteurs, qui la plupart ne savent pas ce qu'elle est. C'est peut-être ça, d'ailleurs, son problème : personne ne connaît vraiment ses membres. Tout aussi motivé que Claudine, il y a HP, un brigadier dont j'ai fait la connaissance en arrivant à la compagnie de sécurisation et d'intervention parisienne, en 2009. Pour résumer ce brigadier, une soirée suffit. Celle où j'ai dû rentrer de province car la compagnie était engagée dans un service d'ordre nocturne « à risques ». Un véhicule du service est venu me récupérer gare de Lyon et nous roulions vers le centre de la capitale, radio de bord branchée sur la conférence 750, les ondes de dégagement parisiennes, lorsqu'on entend un collègue annoncer d'une voix haletante être derrière un véhicule volé. On capte mal, car il pilote une moto et parle à travers la visière de son casque. C'est HP ; il n'y a d'ailleurs que lui pour réaliser une filoche (filature) tout seul. Olivier, l'officier qui est venu me chercher, a la bonne idée de lui demander de se connecter à son portable ; on va le rejoindre et essayer de « serrer » les voleurs avec lui.

Alors qu'il circulait hors service sur sa moto personnelle, HP a vu deux hommes s'emparer de ce véhicule par la violence. Il s'est mis à leurs trousses et nous annonce leur progression en temps réel dans les rues de Paris. Il compte sur nous. Et nous sur lui. Grâce à ses indications, on se positionne au bon endroit, au niveau du pont Alexandre-III, où l'on voit arriver la Golf grise suivie par HP qui fait de grands signes de la main. Au terme d'une discrète manœuvre, on se glisse devant la Golf, puis on ralentit, avant de stopper net. Quelques secondes plus tard, Olivier maîtrise le passager ; je m'occupe du conducteur, épaulé par HP. Les deux hommes sont à terre, menottés.

Je ne connais pas grand-chose de la vie personnelle de HP, mais je l'ai toujours vu prêt à tout pour boucler une affaire, sans oublier d'être sympathique. Incarnation de cette police qui tient par la volonté de ceux qui la composent, des femmes et des hommes qui croient au sens de leur mission, des agents publics remarquables pour la très grande majorité d'entre eux, du moins quand leurs propres structures ne les entravent pas.

Pierrick est également de ceux-là. Vieux collègue et vieux pote, il est entré dans la boîte à vingt ans avec un baccalauréat en poche, comme policier auxiliaire, avant de devenir inspecteur, puis commissaire, preuve que l'ascenseur social fonctionne. Nous avons fait de belles affaires ensemble, aux stups, où il m'a sauvé la mise une fois ; il nous reste à aider la police à se transformer, à se décloisonner, maintenant que nous avons reformé notre tandem et qu'il est mon adjoint au sein du Syndicat des commissaires de la police nationale, dont je suis devenu secrétaire général le 4 avril 2018.

Mathieu est du même bois. Un bon taulier, mélange de probité et de travail acharné, de courage et d'empathie, dont je conserve une image étonnante : en costard d'été, beige, souliers aux pieds, sifflet à la bouche, il fluidifie le carrefour de Barbès-Rochechouart, sous une chaleur intense, alors que la tension monte et que des bandes veulent en découdre, comme souvent dans le secteur…

Au-delà de cet engagement, de ce sens du service public partagé par la plupart, ceux qui les détestent seraient surpris de constater à quel point les flics leur ressemblent, finalement. Un gardien de la paix est entré dans la police par le biais d'un emploi-jeune ou après avoir fait un ou deux ans d'études après le bac. Le plus souvent provincial, il a été coupé de ses attaches familiales et plongé immédiatement dans l'un des bassins de délinquance les plus durs de la région parisienne. Un officier ou un commissaire a fait quatre à sept ans d'études, du droit ou Sciences Po, avant de passer un concours difficile. La vraie vie de ces femmes et de ces hommes ressemble rarement à celle des acteurs qui nous incarnent dans les séries télé. Le commissaire Navarro, Julie Lescaut, le commissaire Moulin n'existent pas, d'ailleurs les héros de fiction sont presque toujours des figures de la PJ (police judiciaire), laquelle représente moins de 10 000 policiers sur 145 000 et traite moins de 5 % des crimes et délits. Nous ne vivons pas tous entre planques et « sous-marins » comme les enquêteurs de la série *Engrenages*. Nous n'avons pas tous la carrière de Martine Monteil, la première femme chef de la brigade criminelle, ou du commissaire Broussard, connu pour ses actions héroïques contre le banditisme au siècle dernier. D'ailleurs, les héros de ce genre ont disparu du paysage et le travail de police est plus que jamais devenu un travail d'équipe. Socialement et culturellement, la maison police a enfin atteint un niveau de mixité que beaucoup pourraient nous envier, dans le public comme dans le privé. Les effectifs du commissariat de Saint-Denis, n'en déplaise à nos beaux esprits, sont à l'image de la population de la ville, et ce à tous les grades, le repas antillais ou le couscous ne suscitent d'ailleurs aucun débat, tant cette ambiance mixte est naturelle. J'ai en mémoire une anecdote à ce sujet. Je venais tout juste d'être affecté et un jour, lors d'une opération contre le trafic de crack, je suggère à mon officier de contrôler un groupe qui me paraît suspect ; vérification faite, il s'agissait d'un groupe de la BAC. Le groupe était composé de nombreux collègues dont la force était de tous s'habiller couleur locale, survêts, casquettes, look de rue, pour mieux se fondre dans la foule. Le groupe parfait pour réaliser des flags sans se faire repérer, ce que je n'avais pas su faire non plus.

Le déni politique

Le flic de commissariat, c'est le généraliste que personne ne connaît. C'est pourtant lui qui écope tous les maux de la société, lui qui gère le tout-venant. Avec quels moyens ? Des moyens assez limités, il faut l'admettre ; d'ailleurs nous nous y sommes habitués, du moins en sécurité publique, j'en atteste pour y avoir exercé pendant vingt-cinq ans. Nous avons toujours couru après le papier carbone pour taper les procédures avec nos machines à écrire et, depuis l'ère de l'informatique, nous sommes régulièrement à court de feuilles, au point que j'ai vu passer des procédures imprimées sur des documents publicitaires ou au dos de brouillons. Nous avons toujours manqué de locaux décents, entretenus, de douches saines, de WC fréquentables, de mètres carrés, de bureaux simplement adaptés. Nous avons pris l'habitude d'évoluer avec un nombre insuffisant de voitures et, quand on en obtient, ce sont des véhicules bas de gamme de la même couleur et de modèles similaires. Allez filocher un dealer de cité avec ça ! Nous avons toujours crié misère et, pourtant, ça fonctionne, du moins tant qu'on laisse le policier accomplir sa mission : identifier les délinquants, rédiger les procédures et permettre à la justice de passer. Les politiques ne font pas grand cas de nos conditions de travail, ils ont seulement la chance que nous aimions à peu près tous notre métier.

Mais il n'y a pas que le matériel. Au fil des années, les flics ont été détournés de leur mission première, celle pour laquelle ils avaient choisi ce job. On leur a tout mis sur le dos, les fous, les alcooliques, les gardes statiques, les procurations. Ces tâches indues se sont accumulées, parfois jusqu'au grotesque, pour pallier les carences des autres administrations. Puis la politique du chiffre s'en est mêlée. Encore un cadeau du politique, plus soucieux en l'occurrence de sa propre image et de sa cote de popularité que de la lutte contre la délinquance. Les carences du système judiciaire ont achevé d'aggraver la situation, nourrissant dans nos rangs un profond sentiment d'abandon. Nous, les flics, sommes sacrifiés sur l'autel de querelles idéologiques qui nous dépassent et nous étouffent, otages de postures politiques passant largement au-dessus de nos casquettes.

Interpeller un voyou est notre métier ; savoir qu'il va être libéré le soir même est notre hantise. Comment tenir, mentalement, sinon en se livrant à des paris improbables, comme celui qu'un major de la BAC (brigade anticriminalité) fait ce jour-là avec moi ? « Patron, me lance-t-il sur le ton du défi, on a ramené un jeune connard qu'on connaît bien. Il a commis un vol à la portière sous nos yeux. Je vous fais deux paris : un, il sort ce soir, deux je vous le ramène dans la foulée parce qu'il va recommencer direct. »

J'ai refusé le premier pari, car, le voleur étant mineur – 17 ans précisément –, je savais comme tous mes flics qu'il allait être aussitôt remis en liberté malgré une vingtaine d'antécédents. J'ai accepté le deuxième en disant : « Il va quand même pas recommencer dès sa sortie ! J'ai un peu de police, faut pas déconner ! » Évidemment, j'ai perdu. Et payé ma tournée. Le mineur réitérant, grand spécialiste de ce genre de vols qui se pratiquent à la faveur d'un embouteillage ou d'un feu rouge, a « retapé » exactement au même endroit une heure après être sorti de sa garde à vue, sous l'œil de la BAC... Un acte pas si anodin puisqu'il s'agit d'ouvrir une porte de voiture, ou de casser le carreau à l'aide d'un silex ou d'un marteau et de s'emparer d'un sac à main – sans hésiter à donner des coups, si la victime résiste.

Le déni dans lequel se complaisent certains magistrats est pour le policier un véritable boulet. Il concerne principalement les mineurs multiréitérants, ceux qui retournent commettre un méfait à peine sortis du commissariat car personne ne les arrête. Que la justice peine à traiter ce phénomène est compréhensible, ce qui l'est moins ce sont les magistrats qui n'acceptent pas la réalité du phénomène. Un ancien magistrat de Bobigny (93) s'est ainsi rendu célèbre en expliquant qu'un mineur ne pouvait être considéré que comme une victime de la société. Pour un flic, un mineur c'est parfois un auteur à part entière, et non des moindres, puisqu'il peut être aussi dangereux que violent. Des boules de haine que la société censée les avoir engendrées laisse gonfler sans leur apprendre les limites, au risque d'en faire des bombes à retardement.

Au quotidien, ce que l'on a coutume d'appeler le « laxisme » de la justice – ces décisions prises au nom d'idées certainement généreuses, mais déconnectées de la réalité – crée du malaise et de la démotivation. Parfois, l'exaspération éclate au grand jour ; je l'ai vécu en direct lorsque les collègues de Yann Saillour ont décidé de descendre dans la rue pour exprimer leur colère. Yann, je l'ai raconté, s'est fait tirer dessus à bout portant par une ordure qui ne lui a laissé aucune chance, un voyou qui n'aurait jamais dû bénéficier de la permission à la faveur de laquelle il s'est mis en cavale. Otages d'une conception idéologique de la justice, nous l'étions depuis plusieurs décennies plus ou moins silencieusement. Cette fois, ça ne passait pas.

Le pronostic vital de notre collègue est resté engagé pendant de longues semaines, tandis qu'affluaient les messages de soutien à ce policier que le grand public ne connaissait pas, lui qui, comme tant d'autres, travaillait dans l'ombre et l'indifférence, lui qui faisait partie des « bleus », ces petites mains mobilisables et corvéables à merci. Alors que nous étions au bord du gouffre, j'ai entendu la mère de Yann dire d'un ton décidé : « Il ne partira pas. » Elle devait être la seule à y croire. Je lui dois énormément, Yann aussi, ainsi qu'à son père, flic à la retraite. Ils peuvent être fiers du combat de leur fils et de sa victoire.

Pendant un mois de soins intensifs, jusqu'au départ de Yann pour l'hôpital militaire des Invalides, j'ai géré les dons qui affluaient de partout, de policiers, mais pas seulement – signe que tous les Français ne détestent pas la police et ne songent pas qu'à s'affranchir des règles. J'ai aussi eu l'énorme surprise de voir un homme politique faire autre chose que surfer sur l'image des flics, comme beaucoup savent le faire. Cet homme s'appelle Bernard Cazeneuve. Alors ministre de l'Intérieur, il est venu tous les jours au chevet de Yann, sans micros ni caméras. Tous les jours ! Chef du district de Saint-Denis, chargé de gérer six circonscriptions et mille policiers, je ne suis pas parvenu à me rendre aussi fréquemment à l'hôpital. Le ministre de l'Intérieur, chargé de 145 000 policiers, a été parfois empêché par un déplacement à l'étranger, mais bien souvent, quand j'arrivais dans sa chambre, une infirmière me glissait à l'oreille : « Le ministre de l'Intérieur est venu hier soir, très tard, seulement accompagné d'un garde du corps. » Et cela pendant près d'un mois.

Ce n'est pas tout. Conscient que la police était au bord de l'explosion, Bernard Cazeneuve a souhaité dès le premier jour rencontrer les effectifs de Saint-Denis. L'après-midi même, avant la venue du ministre, devant l'hôpital Beaujon, j'ai pris à l'écart un groupe de la BAC pour une discussion « entre hommes ». Je leur ai expliqué en substance que l'on pouvait tout dire à un ministre, lui montrer sa colère comme sa peine, à condition d'y mettre quelques formes. Flics, leur ai-je dit, nous devons le respect à notre autorité, mais autant profiter de sa visite pour lui dire notre malaise. Nous serions d'autant plus percutants si l'on s'abstenait de tout dérapage.

En fin de journée, Bernard Cazeneuve débarque au commissariat, avec une idée précise : le ministre veut découvrir ceux qui sont intervenus avec Yann, en présence d'un officier et du chef de service. La seule salle susceptible d'accueillir une vingtaine de personnes est précisément la salle de repos de la BAC. Pas vraiment un décor de rêve, puisqu'il s'agit d'une pièce de petite taille, vingt-cinq mètres carrés environ, entourée d'armoires métalliques grises et bleues : les vestiaires des collègues, la salle du sous-sol étant trop petite pour abriter tout le personnel du commissariat. Des armoires dépareillées, cabossées, au-dessus desquelles sont entreposés casques, chaussures et matériel réservé au maintien de l'ordre. Au milieu, quelques bureaux équipés d'ordinateurs, pour rédiger les saisines en cas d'interpellations, plus une poignée de chaises, elles aussi désassorties. Trois néons hors d'âge accrochés au faux-plafond, auquel il manque des dalles. Et pour couronner le tout, une fuite au niveau du toit, à l'image de ce bâtiment insalubre. Une fuite assez ancienne, signalée maintes fois, provisoirement traitée avec des… seaux. L'écrin idéal pour une heure de vérité assez rare, où des flics ordinaires ont témoigné sans tricher devant leur ministre. Le moment le plus fort reste celui où l'un d'eux s'est levé pour exhiber son gilet pare-balles : une loque, un torchon troué et jauni. « Vous savez, Monsieur le ministre, ce que c'est ? C'est mon gilet pare-balles. Vous savez pourquoi je le mets tous les jours ? Pas pour me protéger, il est tellement abîmé et désuet qu'il ne me protège de rien. Je le mets pour ma femme et mes enfants, car si je prends une balle et que je ne l'ai pas sur le dos, ma femme n'aura pas de pension en cas de drame et je ne serai pas couvert si je survis. Voilà, c'est comme ça qu'on travaille. »

Tous les participants se sont alignés sur le ton du ministre, d'un calme inébranlable, la voix posée, hormis un délégué syndical qui n'a pu s'empêcher de s'incruster dans la salle et d'aboyer, une saillie tombée complètement à côté de la plaque, presque vulgaire à côté de tant de sincérité. Bernard Cazeneuve a écouté patiemment, ce que tout politique devrait faire. Il a même, je dois l'admettre, trouvé les bons mots et adopté la bonne attitude face à des policiers qui sont restés aussi dignes que sincères. Nul doute qu'il a enfin ouvert les yeux sur l'état réel de cette institution, dont il n'est certainement pas le seul responsable. Loin des parcours balisés habituels, des couloirs hâtivement repeints à la veille d'une visite ministérielle – les portes aussi parfois, mais juste sur une face –, je l'ai plongé dans l'arène. Bernard Cazeneuve a constaté le délabrement des lieux de ses propres yeux, ce qui est probablement la façon la plus efficace de mettre à mal ce déni dans lequel la classe politique s'est confortablement installée depuis des décennies quant à la réalité de nos besoins. Il a été inutile d'en rajouter, le goutte-à-goutte permanent en provenance du plafond a parlé pour nous. Pas plus qu'il n'a été nécessaire de rabâcher que ce bandit n'aurait jamais dû bénéficier d'une permission : nous étions précisément là parce qu'il avait tiré sur un flic.

Plus satisfaisant encore, ces échanges ne sont pas restés lettre morte. Avec le recul, l'affaire Yann Saillour a même eu plus d'impact que l'attentat survenu neuf mois plus tôt contre *Charlie hebdo*. Elle a entraîné le renouvellement des gilets pare-balles, une refonte du mode d'intervention des BAC en cas d'attaque et une nette hausse des moyens de la sécurité publique. La cohésion de la maison police a été un électrochoc pour la sphère politique, avec cette manifestation, quelques jours après les faits, organisée sous les fenêtres de la garde des Sceaux, Christiane Taubira, à l'appel de tous les syndicats, tous corps et tous grades confondus. Là aussi, il a fallu « tenir » les flics de Saint-Denis afin qu'ils ne se laissent pas déborder par leur « enthousiasme ». Ce moment a marqué le vrai début de la colère, cette grogne policière légitime qui a explosé en plein jour un an plus tard, à l'automne 2016, avec une série de défilés improvisés dans les rues de Paris, sans autorisation.

Trois ans après les faits, le samedi 1er septembre 2018, Yann a dit « oui » à Coralie en Normandie, en présence des nombreux flics et amis qui l'avaient soutenu. Il a dit « oui » à cette femme, présente à chaque instant quand elle avait failli le perdre. Bernard Cazeneuve est venu partager le souvenir de cette épreuve, célébrer en même temps le retour à la vie d'un policier promu entretemps capitaine, lui qui a tenu à rester dans la boîte, et décoré de la Légion d'honneur. Ce jour-là, je me suis pris à rêver que le sursaut (peu médiatisé) de ce ministre de l'Intérieur s'étende à tous les bancs de l'Assemblée nationale. Mais les polémiques stériles ont une fois encore vite repris le dessus. Et avec elles cet insupportable déni de la haine que nous subissons.

Au nom de la paix sociale

Ce déni de haine n'est pas né avec le mouvement des gilets jaunes. Il a pris racine dans les banlieues difficiles bien avant les émeutes inédites de novembre 2005, dans un silence médiatique et politique assourdissant. Je me suis personnellement retrouvé aux premières loges de cette confrontation dès ma première planque, en janvier 1995, dans une cité de Chanteloup-les-Vignes, un énorme ensemble où cohabitaient plus de cent ethnies différentes. J'étais lieutenant de police depuis quelques semaines, au sein d'un groupe stups. Pour asseoir notre dossier, nous devions vérifier un tuyau au sujet d'un dealer parisien censé transiter par la gare locale pour venir s'approvisionner en coke et en héroïne dans cette cité.

Le dispositif, sur le papier, semble ce jour-là aussi solide que discret. Un véhicule stationne aux abords de la gare pour surveiller les arrivées, avec en mains une photo du gars que l'on recherche. Deux autres voitures sont positionnées autour de la cité pour tenter de détecter le hall dans lequel il va s'engouffrer. Un collègue est également en attente sur une moto, à distance, au cas où il faudrait engager une filoche.

Je suis à bord d'une de ces voitures avec Thierry, mon collègue officier. Pas trop près de l'objectif, car nous sommes en hiver et les rues sont plutôt désertes. Je n'ai pas encore une grande expérience de ces opérations, mais je ne la sens pas. J'ai l'impression que l'on perd notre temps. La cité est tellement grande qu'on ne va rien voir. Et puis, d'un seul coup, ça bouge. Des gars commencent à descendre des tours, à se regrouper, comme une activité qui démarre, avec des allées et venues. Ce n'est donc pas forcément foutu. Les collègues en planque près de la gare ne nous signalent toujours rien, mais la « surv » (surveillance) va peut-être nous permettre d'identifier le fournisseur.

À un moment, par acquit de conscience, je jette un œil dans le rétroviseur. Cela dure une fraction de seconde, mais mon cerveau détecte un mouvement pas complètement naturel. Je regarde de nouveau le rétro. Le truc pas clair, ce sont quelques mecs qui longent une des barres et avancent dans notre direction. Je regarde encore. J'en vois quatre ou cinq qui se rapprochent. Plutôt six ou sept, en fait. Subitement, je réalise que l'un d'eux tient entre ses mains une batte de baseball, et que c'est pour nous…

« Thierry, démarre !!! »

À peine met-il le contact que la batte, lancée dans notre direction, atterrit sur l'arrière du véhicule, sans provoquer de gros dégâts. Déniaisé dès ma première sortie, je comprends que se faire repérer au cours d'une planque n'a pas forcément pour seule conséquence de mettre un coup d'arrêt à l'affaire en cours. À cette époque, déjà, si on n'était pas très attentif, on pouvait prendre de sacrés coups de chaud. Depuis, cela n'a fait qu'empirer, sans que nos autorités, nationales, mais surtout locales, ne s'en inquiètent outre mesure.

Saint-Denis, 13 juillet 2014, dix-neuf ans plus tard. Mon premier « dispo » nocturne en tant que chef de district. Incendies, agressions, dégradations, guet-apens, c'est l'une des soirées où l'on doit s'attendre au pire en matière de violences urbaines, avec le 31 décembre. Une (mauvaise) habitude, d'ailleurs les forces de l'ordre sont obligées de prendre des précautions. Trop de traquenards nous ont appris la prudence ; donc autant limiter la casse, surtout que ceux d'en face n'attendent que ça.

L'essentiel du boulot s'effectue au cours de l'après-midi, en amont de la nuit qui tombe. Visite des halls et cages d'escalier, contrôle des groupes qui déambulent, saisie du maximum de matériel possible, artifices et armes par destination, pour qu'ils soient plus vite à court de munitions le soir venu. À 18 heures, briefing au service, où je donne les consignes : on évite de rester isolé. Si on doit intervenir dans une cité, on se regroupe d'abord et on coordonne l'opération. Surtout, on passe les bons messages sur les ondes, courts et précis. Je constitue ma propre équipe avec deux solides gardiens, Hervé et Vincent, que je connais depuis mon passage à Paris et qui sont depuis devenus des amis, avant de me rendre sur le terrain au plus près des flics ; je ne m'imagine pas passer la nuit au bureau alors que ça chauffe dehors.

En vingt ans, j'en ai vu pas mal, mes deux collègues aussi, mais le district regroupe Saint-Denis, Aubervilliers, Stains, Épinay, La Courneuve et Saint-Ouen, une des zones les plus criminogènes de France ; autant s'attendre à tout.

La nuit venue, les « festivités » commencent. À l'approche des Francs-Moisins, de la commune de Saint-Denis, on sent que ça barde. Dans la rue qui longe la cité, en parallèle du canal, des barricades en feu bloquent la circulation dans les deux sens. Deux voitures sont également en flammes. Tirés depuis le quartier, des mortiers fusent. Nous stationnons à la hauteur de la passerelle, moteur tournant, légèrement en retrait, tandis que les effectifs approchent avec instruction de prendre toutes les précautions. D'un seul coup, je vois quinze à vingt mecs débarquer, cagoulés ou le visage masqué ; ils marchent vers nous. Au même moment, ou presque, une pluie de projectiles s'abat sur la carrosserie de la voiture, précédée de mortiers qui éclatent autour de nous. À la manœuvre, Vincent opère une grosse marche arrière sur une centaine de mètres, rapide et efficace. Hervé prépare le Flash-Ball et les grenades, je fais de même, sauf que la petite bande continue d'avancer dans notre direction. Aussi hallucinant que cela puisse paraître au novice, ils cherchent le contact. Deuxième marche arrière, encore sur une centaine de mètres ; on va devoir balancer des grenades… heureusement, un fourgon sérigraphié Police est garé pas très loin, d'où sortent des collègues ; quelques coups de LBD (lanceur de balles de défense) plus tard, doublés d'une grenade, font finalement refluer les agresseurs vers la cité.

« Alors patron, bienvenue à Saint-Denis ! C'est spécial ici, hein ? »

Comment en est-on arrivé à de tels comportements ? Durant mes premières années en brigade des stupéfiants, il m'est déjà arrivé de subir en direct l'intervention d'un élu local. Informé on ne sait trop comment d'un dossier en cours sur une équipe de trafiquants, il avait pesé de tout son poids pour obtenir le gel de notre action. Au risque d'une flambée de violences doublée de règlements de comptes éventuels, il préférait un semblant de paix sociale. Entre le démantèlement d'un gang et le développement de l'économie souterraine, il avait choisi. Une honte, ainsi qu'une erreur de lecture, car les violences urbaines n'attendent pas l'action de la police pour envahir l'espace public.

Le résultat de ces années de compromissions s'étale maintenant sous nos yeux. Les trafics se sont enracinés. Les armes circulent comme jamais. La police a échoué, du moins elle n'a pas réussi à enrayer le développement de l'économie souterraine, parce qu'elle n'a pas été aidée, bien au contraire. Elle s'est retrouvée seule face à des maux qui dépassaient largement le seul cadre de la répression des infractions. Elle a surtout ramé à contre-courant lorsque l'argent public a été dilapidé de façon honteuse, en nourrissant parfois les propres ennemis de la République, des escrocs qui ont profité de l'argent du contribuable – ces pseudos-associations censées agir pour le bien de la collectivité mais qui ne servent en réalité que les intérêts de ceux qui en tiennent les rennes, asseyant leur pouvoir sur leur territoire et sur les plus jeunes.

Certains élus locaux font preuve d'une hypocrisie monumentale. Fiers de leur posture anti-flics, ils sont capables de nous refuser le visionnage d'images prises par une caméra de surveillance municipale qui auraient pu nous aider à identifier un délinquant, au prétexte que ces choses-là salissent les doigts. Ailleurs, pour éviter de se mouiller et satisfaire les réfractaires, ils vont jusqu'à ne pas mettre d'agents en temps réel pour surveiller les écrans, ce qui ne les empêchera pas de hurler le jour où on leur volera leur cartable. Ils s'achètent une morale en montrant du doigt les méchants policiers, qu'ils détestent cordialement. Vecteurs d'opinion, ils poussent ainsi la population à nous haïr, sans se rendre compte qu'ils s'allient ainsi à ceux qui trafiquent et que la police dérange. La preuve, on est plutôt bien accueillis dans les réunions de quartier, où les gens nous questionnent sur les carences de leur municipalité et souhaiteraient que cette guerre des tranchées idéologique laisse plus d'espace au partenariat.

En attendant, il faut l'avoir vécu pour y croire. J'ai vu des élus organiser un jour une marche blanche contre l'insécurité routière après qu'un jeune a été renversé en commettant, en pleine circulation, un vol à la portière ! Une tentative à peine voilée de surfer sur l'émotion, tout en cognant sur la police, inactive face à la… violence routière. Un vrai cirque, cette marche, avec les élus en tête, bien conscients que dans ces quartiers populaires, où presque un électeur sur deux ne se déplace plus depuis longtemps, le succès tient à une petite frange de l'électorat. Les mêmes sont capables, comble du déni, de convier la presse dans une micro-cité où tout se passe bien – en clair où il n'y a jamais eu de deal –, en prétendant le contraire, pour montrer combien ils maîtrisent le trafic de stupéfiants. Alors qu'ils repartiraient à poil de la cité voisine s'ils y risquaient un pied !

Clairement, avec ce genre d'élus, nos intérêts divergent, tant on a l'impression qu'ils ne misent pas sur l'assainissement de la situation. Peut-être parce que ces secteurs sont aussi de potentiels bassins électoraux, ou de corruption, ou les deux.

Les mêmes ont contribué à ce que nos forces de l'ordre se retrouvent otages du mouvement des gilets jaunes. On a vu ces responsables politiques souffler de toutes leurs forces sur la moindre braise, se saisir du moindre accroc, du moindre incident pour nous ferrer. Nous nous sommes retrouvés prisonniers d'un match avant tout politicien. Les règlements de compte entre politiques sont récurrents, mais pourquoi avoir besoin de mettre la police en danger ? Ils nous ont coincés dans un engrenage perdant, en oubliant volontairement de rappeler qu'on avait quitté le cadre de la « manifestation » pour entrer dans une phase inédite de désordre urbain, un désordre qui non seulement ne les dérangeait pas, mais que certains souhaitaient ardemment. Les policiers, eux, ont tenu le terrain et joué à certains moments clefs du mouvement leur rôle de dernier rempart, sans forcément voir venir en retour la reconnaissance des pouvoirs publics ; de quoi leur donner parfois le sentiment de subir une forme de double peine, l'attitude de la classe politique s'ajoutant au rejet d'une partie de la population.

Une manipulation organisée

Je n'ai mesuré l'impact du politique sur la police que lorsque je suis devenu commissaire, au début des années 2000. Le premier ministre de l'Intérieur auquel j'ai été confronté s'appelait Nicolas Sarkozy. Je sortais de l'école des commissaires lorsque je me suis retrouvé au milieu de ce rassemblement des cadres de la police et de la gendarmerie, qu'il avait convoqués. Au cours d'un show impressionnant, le ministre a enterré la police de proximité et répondu à toutes les questions, même celles qui semblaient sortir de nulle part. Il l'a fait avec sincérité et spontanéité, sans fiches ni souffleur. La police avait besoin d'un chef et d'un élan, Nicolas Sarkozy s'est montré aussi stimulant que convaincant, y compris sur le terrain de l'affect. Je n'ai pas perçu la moindre déception parmi les collègues, car la plupart, sur le terrain, n'attendaient qu'une chose : les moyens de travailler et un cap. Des gilets pare-balles individuels sont arrivés dans les services, les vieux revolvers ont été remplacés par les Sig ; tout cela était très encourageant.

Une fois en service, j'ai découvert un élément nettement moins stimulant au cœur du dispositif : la politique du chiffre et sa déclinaison. Quand on démarre comme commissaire et que l'on reçoit un appel de son directeur, ou de l'adjoint, vers le 26 ou le 27 du mois, pour vous donner les consignes en matière de statistiques, ça surprend un peu. D'autant que ces directives étaient précises, dans la mesure où elles fixaient, à l'unité près, les chiffres à enregistrer. Naïvement, la première fois, j'ai expliqué à mon interlocuteur que j'avais plus de faits constatés que le chiffre qu'on m'imposait. « Cela sera reporté sur le mois suivant, m'a-t-il indiqué, il faut que ça baisse. » J'ai pris contact avec plusieurs collègues pour savoir s'il serait pertinent que je me rebiffe, tous m'ont prodigué à peu près la même réponse : « Laisse tomber, on le fait tous, ne va pas te faire casser en deux alors que tu débutes. De toute façon, ce système ne va pas tenir longtemps. » La cavalerie était en passe de se généraliser.

Par la suite, j'ai côtoyé des commissaires qui ne savaient plus comment échapper à la pression et aux intimidations en provenance de leur hiérarchie. De crainte d'être stigmatisés pour leurs « mauvais » résultats, qui n'auraient été que le reflet réel de la situation, certains ont poussé la tricherie plus loin. Ce « report » sur le mois suivant ne suffisant plus à embellir le tableau, ils ont encouragé l'enregistrement de délits en main courante, le refus de prendre les plaintes, ou leur non-comptabilisation. La dissimulation s'ajoutant au report, cette cosmétique allait tôt ou tard se craqueler et probablement être démasquée. La délinquance ne pouvait continuer indéfiniment à baisser, alors que le ressenti des policiers et des citoyens était tout autre. En attendant, j'ai eu le sentiment que l'on perdait, collectivement, un peu de notre lucidité.

Comment le dire à mes collègues ? Comment percer l'abcès ? Un jour, lors d'une réunion de direction où j'assurais l'intérim – où je siégeais, moi, jeune commissaire, parmi les grands chefs –, j'ai bêtement esquissé un sourire alors que la conversation tournait autour des chiffres et de leur fiabilité, la gêne étant devenue palpable autour de la table. Ils étaient précisément en train de constater leur difficulté à comparer l'année en cours avec la précédente, dans la mesure où « il y en avait sous le tapis ». « Pourquoi ce sourire ? » m'interroge l'un des participants. « Je me demandais juste ce qui se passerait quand ça déborderait du tapis... » J'ai été aussitôt fusillé du regard, et quand la réunion s'est achevée, j'ai vu un collègue approcher pour me dire, non pas que j'avais bien fait de parler vrai, mais que j'étais « suicidaire ».

Suicidaire, vraiment ? Je n'ai toujours pas digéré cette remarque. Quand on est chef de police, ne peut-on pas proposer autre chose qu'une politique du chiffre présentant des arrangements avec la réalité ou du maquillage parfois grossier ? Que je sache, ma remarque n'avait rien d'un acte de désobéissance. Je ne sortais pas non plus des clous sur le plan déontologique, encore moins sur le plan pénal... J'ai cependant pris une « soufflante ». La première, mais pas la dernière. Quelques années plus tard, alors que j'étais plus solide et plus expérimenté, un directeur me téléphone. En furie, il m'insulte et me menace parce que je ne veux pas arrêter les chiffres à la date du 20 décembre. « Tu es un égoïste ! martèle-t-il. Tu mets tout le monde dans la merde. Tu fais comme je te dis : tu arrêtes les chiffres. » « Je suis un peu embêté, mon [commissaire] central est parti en vacances en laissant un mot disant qu'on ne pouvait pas faire ça ». « C'est qui le chef ? » rebondit mon interlocuteur. « Mon central », dis-je. « Je ne suis pas sûr que tu aies compris qui je suis ! Je suis ton directeur ! » s'emporte-t-il, avant de m'annoncer de sévères représailles si je n'obtempérais pas. J'ai tenu bon, conscient que nos mauvais résultats allaient plomber les chiffres annuels de la plaque parisienne, mais lassé de participer à cette mascarade. La punition est tombée l'année suivante, mesquine : mon dossier de notation annuel a disparu, purement et simplement déchiré.

J'ai parfois été obligé de me taire, trop faible face au système, mais je ne regrette pas d'avoir résisté ce jour-là. J'ai certes été pénalisé, mais je ne suis pas mort administrativement et je suis toujours commissaire de police.

Que payait-on ? La politique du chiffre imposée par le ministre de l'Intérieur, ou la lâcheté d'une administration qui ne voulait pas déplaire à son ministre ? Je n'ai jamais vraiment tranché, mais j'ai rarement ressenti à ce point combien la police pouvait être otage du politique. Les statistiques devraient être un outil scientifique incontestable, elles étaient devenues le carrefour de toutes les manipulations, sur le dos des flics, mais aussi de tous les citoyens, trompés et trahis. Doublement trompés, d'ailleurs, tant ces chiffres truqués ont guidé le travail de la police sur de mauvaises voies, un diagnostic bidon ne pouvant induire que de mauvais remèdes. Cette politique a poussé nos chefs à s'éloigner des réalités locales, de la délinquance réelle, pour se focaliser aveuglément sur ces tableaux de bord, unique objet de l'intérêt des politiques. Loin de moi l'idée que la police ne devrait pas rendre des comptes, mais les indicateurs se doivent d'être pertinents et incontestables.

En distillant la peur parmi les cadres de la police, le fameux « sarkothon », sorte de concours destiné à sacrer ou à massacrer les grands chefs, a achevé de nous déstabiliser. Convoquer au ministère les patrons des trois départements ayant obtenu les « meilleurs » résultats, en même temps que les trois plus « mauvais », pour présenter leur bilan respectif, n'a évidemment pas produit les effets escomptés. Les « bons » n'en pouvaient plus, victimes du syndrome du bon élève et condamnés à jouer les donneurs de leçon ; les « nuls » repartaient complètement abattus et tremblants pour la suite de leur carrière, alors qu'ils s'étaient simplement interdit d'être malhonnêtes. Tout le monde ne trichait pas, mais cette façon qu'avait le ministre de l'Intérieur de fustiger publiquement les « mauvais » tout en récompensant bruyamment les « bons » a eu un autre effet pervers : ceux qui obtenaient de bons résultats sans maquiller leurs chiffres étaient malgré tout perçus comme des menteurs par leurs pairs. Comme s'il était devenu impossible de traiter la question sécuritaire avec sincérité.

La politique du chiffre a par la suite été fortement amendée, mais elle était partie sur de mauvaises bases. En ne retenant dans les paramètres que la hausse ou la baisse de la délinquance, c'est comme si le pouvoir avait demandé à un médecin de faire baisser de 10 % le nombre de cas de grippe dans l'année, sans un regard pour les soins apportés aux malades. Le temps passant, nous avons été examinés sur la qualité de nos résultats judiciaires, sur nos taux d'élucidation, sur la lutte contre les infractions les plus graves ou l'activité déployée contre certains phénomènes propres aux territoires concernés. Mais une autre forme de maquillage est apparue. Les plus malins ont vite compris qu'en concentrant l'activité du service sur certaines infractions, comme la consommation de stupéfiants, on pouvait tordre dans le bon sens la courbe du taux d'élucidation. Une personne interpellée en possession d'une barrette de shit égale un fait élucidé ; c'était facile et ça pouvait rapporter gros. Mais était-ce la meilleure façon de lutter contre la délinquance ? Travestir les chiffres, c'est de surcroît prendre le risque de voir l'administration tailler dans les effectifs d'un commissariat : puisque tout va bien, aucune raison de rester aussi nombreux.

Les chiffres ont toujours été un outil de propagande aux mains du politique, mais la police, pas plus que les citoyens, ne peut y trouver son compte. Le seul thermomètre qui vaille est d'ordre humain. L'élément qui mériterait d'être mesuré, s'il était quantifiable, serait le service rendu aux victimes. Certains sociologues s'y attachent, mais ils ne connaissent que trop peu les réalités de la police et sont parfois un peu dogmatiques. Au-delà, mieux vaut privilégier des paramètres quantitatifs, comme le taux d'élucidation ou la lutte contre les infractions les plus graves, sachant qu'il ne peut y avoir de « bons » chiffres que s'il y a une présentation sincère de l'action qui a permis de les obtenir. Comme je l'ai dit, il n'est pas contestable que la police doive rendre des comptes, que son travail doive être mesuré. En tant que service public, elle a une obligation d'efficacité, mais encore faudrait-il que les autorités la dotent de moyens de rendre des comptes à la population – qui a trop peu souvent l'occasion de donner son avis, en dehors de quelques réunions de quartier. Les seules statistiques, par ailleurs élaborées par la police elle-même, ne suffisent plus, surtout quand elles sont fournies au niveau national. La meilleure approche reste la feuille de route locale, tant il est évident que les habitants de Seine Saint-Denis sont aussi peu concernés par les cambriolages que les habitants du 16e arrondissement parisien par les trafics et les violences dans les cités.

Puisque la police n'a jamais eu aucun mal à s'expliquer devant la population, autant l'associer à cette feuille de route afin qu'elle puisse donner son avis et critiquer ce qui doit l'être. Ne serait-ce pas le premier virage nécessaire vers une vraie police de sécurité du quotidien, moins centralisée, dégagée des contraintes statistiques qui nous plombent aujourd'hui ? Cela nous permettrait en même temps de prendre nos distances avec des élus inscrits dans une démarche davantage politicienne que républicaine, avant tout soucieux d'instrumentaliser le thème de la sécurité. Et d'assumer jusqu'aux mauvais chiffres, au lieu de s'employer par mille artifices à les cacher, au risque d'obérer toute politique locale digne de ce nom.

À l'heure du bilan, Nicolas Sarkozy a sans doute aussi payé, en matière d'image, pour sa politique de révision générale des politiques publiques, visant à réduire les effectifs dans la fonction publique, donc dans la police. Mais ce que retient surtout l'opinion, c'est le souvenir d'un ministre qui a fait de la police un objet politique, en même temps qu'un tremplin pour accéder au pouvoir. La sécurité était devenue le sujet de préoccupation numéro 1 des Français depuis le scrutin présidentiel de 2002, qui avait porté Jean-Marie Le Pen au second tour. Il a surfé sur cette vague.

J'ai croisé d'autres ministres, certains de façon fulgurante, comme Bruno Le Roux ou Matthias Fekl qui ne sont restés en poste que quelques semaines. Cette valse a causé de gros dégâts, dans un ministère régalien aussi exigeant que complexe. Moins le ministre est à la manœuvre, plus l'administration se sent pérenne – en tout cas davantage que le politique. Dix ministres en vingt ans, cette inconstance finit par rejaillir sur la police ; ils se font une santé politique sur son dos mais n'ont pas le temps de s'intéresser à elle. Ils veulent briller devant les belles affaires mais ne parviennent pas à construire une police qui satisfasse la population.

J'ai également eu le temps de faire connaissance avec Gérard Collomb, au début du quinquennat d'Emmanuel Macron. Je ne connais pas la véritable raison de son départ, mais il m'avait appelé, comme d'autres secrétaires généraux de syndicats, dix jours avant de quitter son ministère pour m'assurer, malgré les rumeurs, qu'il resterait en poste. Il est pourtant bien parti, trop vite, sans avoir eu le temps de tirer les conséquences de ce qu'il avait compris de la police.

Son successeur, Christophe Castaner, de même que Laurent Nuñez, secrétaire d'État, se sont montrés à la fois ouverts et accessibles. Ils ont dû gérer, à peine nommés, une crise majeure sur le front de l'ordre public qui les touchait de plein fouet. Le ministre et son secrétaire d'État n'en ont pas moins perçu la véritable urgence dans laquelle se trouvait la police. L'heure de vérité après des années de tromperie, de duperie et de tricherie organisée ? Alors que s'achevait la rédaction de ce livre, le tandem en poste Place Beauvau semblait conscient de la nécessité d'engager un gros chantier de modernisation de cette institution. Le dernier, de mémoire de flic, remonte à… Pierre Joxe. Autrement dit, au siècle dernier, puisqu'il fut ministre de l'Intérieur deux fois dans les années 1980, sous François Mitterrand. Il restait cependant un ultime point d'interrogation, et non des moindres : savoir si les hauts cadres de l'administration étaient vraiment sur la même longueur d'onde et partageaient le même constat que ces politiques. Ou s'ils allaient traîner des pieds au nom de je ne sais quels petits pouvoirs à préserver, au détriment des policiers, lassés de cette trop longue période de déni. J'ai encore en mémoire, à ce sujet, l'attitude incroyable de Jean-Marc Falcone, alors directeur général de la police, au premier jour de la grogne policière de l'automne 2016. Par faiblesse ou par suffisance, il a refusé de sortir de son véhicule alors que des policiers voulaient lui parler, devant l'hôtel de police d'Évry. Je ne connais pas Jean-Marc Falcone et n'ai rien contre lui à titre personnel, mais cette erreur stratégique devrait servir de leçon à tous les chefs : ne jamais fuir ses responsabilités, ne jamais refuser l'échange avec ses troupes, au risque de confirmer aux yeux de tous qu'ils sont coupés de leur base...

« Suicidez-vous ! Suicidez-vous ! »

J'ai vécu trois suicides dans un même commissariat en l'espace de six mois. Le premier, c'était celui d'une jeune policière, adjointe de sécurité (emploi-jeune), mère célibataire. Un week-end, alors qu'elle était de repos, elle s'est défenestrée. Le deuxième, un major expérimenté et solide, pas loin de la retraite, a prétexté qu'il devait aller faire une vérification, une histoire de campement sauvage, pour laisser ses coéquipiers dans la voiture et s'enfoncer dans le bois de Vincennes ; il a mis fin à ses jours avec son arme de service, en pleine journée de travail. Le troisième, un gardien de la paix, s'est tué à son domicile, également avec son arme, une nuit, après une lourde déception sentimentale et une grosse absorption d'alcool.

Ces trois suicides n'avaient aucun lien entre eux, si ce n'est cette proximité dans le temps et le fait qu'ils relevaient tous les trois du même commissariat. Terrible à vivre ; quant à gérer, on ne gère rien : on subit. Avec cette question lancinante à laquelle je ne peux répondre, n'étant ni psy ni médecin : un suicide peut-il en entraîner un autre ? Peut-on parler d'effet de contagion ?

La police déplore depuis une trentaine d'années quarante à cinquante suicides par an. Le phénomène touche en majorité des hommes, entre quarante et quarante-cinq ans, travaillant dans de grosses agglomérations, en Île-de-France, dans le Nord, en Rhône-Alpes, dans l'Est ou le Sud-Est. La moitié d'entre eux mettent fin à leurs jours avec leur arme de service et sur le lieu de travail. Les gardiens et gradés payent évidemment le plus lourd tribut mais, en proportion, le phénomène frappe autant les commissaires (qui sont 1 800) et les officiers (au nombre de 8 000), à l'instar de cette capitaine, mère de famille, qui s'est donné la mort dans son commissariat au printemps 2019.

Les causes, elles, sont toujours multifactorielles, ce qui rend le passage à l'acte malheureusement indécelable, et donc la prévention extrêmement difficile.

L'histoire qui suit m'a fortement incité à rester humble face à la question du suicide. Le 1er janvier 2018, j'ai reçu comme chaque année le message d'un collègue, Éric, jeune retraité, pour me souhaiter la bonne année. Je l'avais connu quinze ans auparavant, alors qu'il était gradé dans une salle de commandement, la nuit. On avait sympathisé au fil du temps. Quand le calme régnait sur les ondes, et que j'étais de permanence de nuit, il m'appelait et me proposait de passer faire une « pause ». Cela prenait la forme d'une tablée avec les quatre collègues de la salle de commandement, auxquels je me joignais accompagné du chauffeur qui tournait avec moi la nuit. Outre le bon moment que l'on passait ensemble, Éric nous préparait à sa façon le meilleur steak tartare que j'ai eu l'occasion de goûter, avec des frites maison.

Au fil des permanences, nous organisions des paris stupides et, peu à peu, les tartares atteignaient des poids déraisonnables. On se faisait un devoir de terminer notre assiette, par orgueil. Au cours de ces agapes nocturnes, on refaisait le monde, et surtout la police, égrainant les mille anecdotes respectives qui nous habitaient. J'étais le patron de la nuit dans le département des Hauts-de-Seine, ils étaient les voix de la salle de commandement. On a dû gérer des situations sérieuses, parfois on n'a même pas pu avaler une frite parce que l'urgence nous attendait, mais je me suis rarement autant marré qu'avec cette bande, tous d'anciens motards, sauf le chef de salle. Quand la nuit restait silencieuse, on s'éternisait.

Ce 1er janvier, nous convenons de nous voir prochainement. Je promets de faire un crochet par sa maison, sur la côte Atlantique ; lui me fait miroiter le « tartare de l'année ». On fêtera aussi son deuxième petit-fils, sa retraite récente et sa nouvelle vie…

Le 3 janvier, la DRCPN (direction des ressources et des compétences de la police nationale) diffuse un message sur son réseau : un collègue a mis fin à ses jours avec son arme personnelle, à son domicile. Le genre de nouvelles que l'on n'aime pas lire, à tel point que je ne vois ni le nom de la personne concernée ni celui de la ville où se sont produits les faits. Je ne percute pas. D'ailleurs, cela ne peut pas être Éric, vu qu'on s'est parlé deux jours plus tôt et qu'il semblait en pleine forme. Je regarde cependant machinalement mon téléphone et j'ouvre l'application WhatsApp ; mon ami apparaît comme étant « en ligne ». Pourtant, ce prénom, ce nom, qui sont écrits dans le message de la DRCPN, ce sont les siens. La ville correspond aussi, comme son âge.

J'hésite, paralysé. J'appelle. Ça sonne, mais personne ne répond. « Il » finit par me rappeler. Au bout du fil, une voix de femme : « Allo, Monsieur Le Bars ? » À la seconde, je comprends que mon ami vient de commettre l'irréparable. Je parle longuement à son épouse de l'homme que j'ai connu, terriblement attachant, du collègue enthousiaste ; elle me raconte qu'il était plus tourmenté qu'il ne voulait bien le montrer. Nous avions échangé dans la bonne humeur ce 1er janvier, comme toujours, mais tout était programmé, jusqu'aux messages laissés à ses proches. Depuis des mois, dans le plus grand secret, il avait muri son geste avec une incroyable détermination.

Est-ce un hasard si nous avons connu une hausse du nombre de suicides dans les rangs des forces de l'ordre au début de l'année 2019, alors que la crise des gilets jaunes n'en finissait pas ? Je ne le crois pas. La polémique sur les violences policières battait son plein, tandis que des manifestants scandaient au visage des flics ces mots atroces : « Suicidez-vous ! Suicidez-vous ! » Cette flambée de détestation montant de la rue coïncidait avec une constatation : au rythme où les collègues se donnaient la mort, on marchait à grands pas vers un épouvantable record. Difficile de ne pas songer à l'impact de ces polémiques hebdomadaires sur l'image de soi. Difficile de ne pas faire le lien entre cette épidémie de suicides et cette focalisation du mouvement social sur la question de la répression, certains n'hésitant pas à essayer de nous faire croire que la France ressemblait désormais à une dictature bananière, avec ses flics en guise de nervis. Avec à la clef une nouvelle dégradation de nos relations avec la population...

En commissariat, le policier en prend tous les jours plein la figure. Il y est habitué, surtout ceux qui travaillent en banlieue ou dans les villes de province excentrée, où les forces manquent. La surchauffe guette lorsque au-delà des émeutiers habituels, croisés au détour des cités de son secteur, il retrouve face à lui monsieur et madame Tout-le-Monde, des beaufs, des gauchos, des fachos et quelques bourgeois gonflés de haine, regroupés sous la bannière « gilets jaunes ». Ce rejet, surtout lorsqu'un mouvement s'installe dans la durée, peut contribuer à pousser un policier à bout. Mais nous devons garder à l'esprit un point essentiel, qui n'a rien à voir avec ce mouvement social : nous exerçons un métier où faire preuve de faiblesse, de fragilité, même temporairement, ne peut et ne doit pas se montrer. Le policier est censé être fort pour les autres, les citoyens, mais aussi les collègues, dont la vie peut dépendre de lui. Cela crée automatiquement une forme d'inhibition à l'heure où il faudrait, précisément, se confier aux autres, partager avec eux ses angoisses. Il y a eu de nettes améliorations : les psys entrent aujourd'hui dans les commissariats, mais dans ce domaine, d'énormes progrès restent à faire.

Cette haine qui monte de la rue a pour corollaire une forme d'isolement, pour ne pas parler de renfermement, lequel peut devenir très compliqué pour celui qui est moins entouré, qui ne jouit pas d'un cercle familial ou amical solide. Comment aimer son métier correctement si l'on ne peut pas en parler ?

D'autant que les rapports humains au sein de la police elle-même sont plus difficiles à gérer qu'avant. Un problème se réglait généralement par une bonne grosse engueulade, les yeux dans les yeux, dans le bureau du taulier ; aujourd'hui, traiter les choses à l'ancienne fait courir le risque de sortir des « clous » administratifs et d'en subir les conséquences, dans une société où tout est technocratisé.

À cela s'ajoute le fait que les policiers sont régulièrement sur les rotules. La surcharge de travail, la fatigue, la pression laissent peu de place à la convivialité, au partage, qui sont les ferments de la cohésion. Certes il n'y a pas que les pots dans la vie, mais ils deviennent rares, même à l'heure d'honorer une carrière lors d'un départ à la retraite. J'ai vu circuler des enveloppes vides, censées ramasser de quoi offrir un cadeau au collègue qui quittait la maison, trente-cinq ans de police derrière lui, dont vingt dans le service. Égoïsme de la nouvelle génération ? J'ai ressenti cela comme une faute collective.

Lorsque j'ai organisé mon propre pot de départ, après trois ans et demi passés au commissariat de Saint-Denis – un laboratoire de la délinquance, mille policiers sous mes ordres –, je me suis affranchi des règles de courtoisie. Rincé, en conflit avec certaines personnes, je l'ai jouée « à l'ancienne ». J'ai vidé le garage, dressé des tables, fait livrer du champagne, de la bière et du punch, et j'ai organisé un barbecue géant. J'ai expliqué aux flics de mon commissariat que je n'avais pas convié le ban et l'arrière-ban de l'administration parce que c'était eux que je voulais remercier. Ce fut un pot mémorable, à l'image du management que je défends, loin de ceux qui se replient dans leur tour d'ivoire.

En matière de pots, il y a peut-être eu des abus, mais au lieu d'imposer ces restrictions radicales, il aurait sans doute fallu trouver un juste milieu, lâcher un peu de lest. Le flic ne peut pas décemment ramener à la maison tout ce qu'il vit, voit et subit. Il est vital qu'il puisse partager ce poids avec ses collègues, en particulier lorsque le cercle familial ne remplit pas son rôle, pour cause de déracinement géographique notamment.

Croyez-vous qu'après avoir poursuivi un voyou pendant une centaine de mètres, avant de me retrouver seul avec lui au fond d'une cour, moment qu'il a choisi pour tenter de s'emparer de mon arme, j'aurais pu laisser exploser mon émotion le soir à la maison devant mon épouse ? Je lui aurais inutilement fait peur, tellement la scène m'avait secoué. Une sortie organisée avec les collègues m'a en revanche permis de vider mon sac, tout en reprenant des couleurs, car cet après-midi-là, j'étais blanc comme un bidet. Pierrick, mon collègue, était intervenu à temps pour neutraliser le gars, qui avait expressément regretté d'avoir pris la fuite en me voyant, au lieu de faire usage du fusil à pompe caché dans son véhicule.

Nous côtoyons la mort presque au quotidien. Comme ce jour du mois d'août 2005, un week-end, où quatre gamins de retour de discothèque ont abordé un rond-point à 130 km/h, vers 6 heures du matin. Leur voiture a décollé et s'est enflammée une quinzaine de mètres plus loin. Policiers et pompiers, rapidement sur les lieux, n'ont rien pu faire pour éteindre les flammes, assistant en direct au décès des occupants par carbonisation. J'ai aussitôt appelé les psys et évoqué l'idée de groupes de parole, sentant une énorme culpabilité monter chez ceux qui n'avaient rien pu faire. Il me restait à annoncer le drame aux familles, dont l'une était en vacances dans le sud de l'Espagne, et à subir de plein fouet leur émotion. Comment leur dire qu'il faudrait identifier les victimes, mais qu'on se contenterait de leur montrer des objets, montres, bracelets, chaussures, parce que les corps n'étaient pas présentables ? Croire que l'on peut encaisser seul ce genre d'épisode est une erreur. Et que dire de la première autopsie ? Un enfer, entre l'odeur et cette pince qui ouvre la cage thoracique, alors que personne ne t'a prévenu de ce qui allait arriver. Ou ce cercueil de petite taille qui te tord les boyaux ?

Ces scènes nous affaiblissent. On ne passe pas sans dommage deux heures à l'institut médico-légal, à regarder un infirmier recoudre un cadavre pour qu'il soit présentable, un verre de whisky à portée de main. Le besoin de lien devient criant. Il faut arrêter de mettre bêtement les suicides sur le dos de la hiérarchie, le méchant patron qui ferait trimer l'ouvrier : c'est une insulte au mal-être. Pourquoi n'instituerait-on pas une espèce de « journée de cohésion » ? Lorsque certains, localement, ont tenté l'expérience, ils n'ont guère été encouragés. Le jour des Rois, n'ayant pas les moyens d'offrir à mes effectifs des galettes, j'ai parfois demandé à des amis boulangers de faire un effort, convaincu que ce moment remettrait l'humain au cœur du service.

L'autre source de cohésion, c'est l'entraînement. Il n'y a en a plus assez – cela s'est d'ailleurs vu de façon criante pendant la crise des gilets jaunes. L'entraînement ne permet pas seulement de progresser techniquement, c'est un moyen de nous connaître, d'apprendre à nous faire confiance les uns les autres, l'occasion aussi de souffler mentalement. Il ne s'agit pas de « vacances », contrairement aux croyances de certains technocrates, mais d'une nécessité à la fois opérationnelle et psychologique.

Et bien sûr, derrière la vague de suicides, il y a plus grave, je veux parler de cette fierté perdue, celle d'exercer un super boulot reconnu par tous, avec laquelle il faut renouer. Celle d'appartenir à la « grande maison », ces mots que nous avons laissés en route et qui en disaient long sur le lien d'affection entre les policiers et leur métier.

QUATRIÈME PARTIE

POUR EN FINIR AVEC LA HAINE

Renouer avec la population

L'évocation de la police fait remonter en chacun des fantasmes nourris par les films, les séries ou encore les polars. Certes il y a la police qui résout les énigmes criminelles, qui s'engage dans des courses poursuites pied au plancher, qui démantèle des réseaux terroristes. Mais il y a aussi – et surtout – une police moins glamour, moins « cinématographique ». Celle qui vous accueille dans les commissariats, celle qui traite plus de 90 % des crimes et délits et 100 % des incivilités, la police du quotidien, de la proximité. Ou plutôt devrais-je dire : qui ne vous accueille pas toujours comme vous le méritez, qui met du temps à vous prendre en charge quand vous appelez le 17, parce qu'il n'y a pas d'équipage disponible – sachant qu'à moins de trois, en France, aujourd'hui, une intervention est risquée… Sans oublier un trait lié à la philosophie dans laquelle baignent les effectifs depuis l'école de police : moins considérées que les auteurs d'infractions, les victimes ne sont pas au cœur du raisonnement de la police. Quand bien même les flics se sentiraient proches d'elles, individuellement, concernés par leurs difficultés, la machine institutionnelle et la méthodologie qu'elle impose n'incitent pas à les placer au centre de leurs préoccupations.

Dans sa conception même, la police n'est malheureusement plus aujourd'hui au service des citoyens. Elle n'est pas le prestataire dont on rêverait, accessible et ouvert. Comment, dans ces conditions, renouer le lien ? Nous ne sommes pas sortis indemnes de la crise des gilets jaunes. Mais force est de constater que 70 % des Français, à en croire les sondages, expriment un sentiment positif à notre égard, chiffre à peu près stable depuis des années. Tous les fils ne sont donc pas rompus ! Il existe bien sûr une partie de la population avec laquelle il serait totalement vain de tenter un dialogue : les extrémistes qui visent la destruction de nos institutions et les délinquants enracinés, contre lesquels la police doit lutter. Il n'y a rien à envisager avec cette minorité qui vit à la marge et ne respecte rien, si ce n'est d'accomplir notre travail. Qu'ils nous haïssent est tout simplement logique. Sans verser dans le sadisme, j'ai même tendance à considérer que c'est une marque de notre efficacité.

Le vrai défi concerne le reste de la population, ceux qui apprécient leur police, ceux qui n'ont pas d'avis, ou du moins pas d'avis franchement négatif sur elle, ceux qui sont pétris d'idées toutes faites pas forcément en phase avec le réel, ceux qui disent la connaître alors que ce n'est pas le cas, ou ceux qui en ignorent à peu près tout. Tous ont un point commun, ils attendent de nous une action plus percutante contre les délinquants qui polluent leur vie. Toute amélioration sur ce front-là permettrait de rompre avec une forme de fatalisme qui voudrait qu'une plainte déposée auprès de la police ait peu de chance d'aboutir, le fait d'avoir été (parfois) mal reçu par des fonctionnaires saturés ajoutant à cette mauvaise réputation. Ce n'est pas une histoire de dénomination ; « police de proximité », « police de sécurité du quotidien », et j'en passe, toutes ces appellations brassées au fil des quinquennats. C'est bien de la réinvention d'une police de paix publique qu'il s'agit. À tous les handicaps structurels s'est en effet ajoutée une lente mais certaine perte d'humanité. Le policier n'a plus rien à gagner à jouer la carte humaine. C'est même le contraire, puisque tout doit être inscrit dans la procédure. Le moindre geste, la plus petite largesse peut se retourner contre le fonctionnaire. Ce fut le cas de celui qui laissa un jour repartir à pied un conducteur ivre, mais poli et inconnu des fichiers. Sur le chemin du retour, longeant un champ, le gars a malencontreusement glissé dans une mare et s'est noyé. La suspicion a rapidement pris corps dans l'opinion : et si les flics l'avaient abandonné en pleine nature ? Et s'il s'agissait d'un homicide ? À vous dégoûter de tout geste non consigné par écrit, ces petits moments d'humain à humain...

Parfois, je me dis que police et population se rencontrent au mauvais endroit, au mauvais moment... Le policier que croise le citoyen ordinaire au commissariat ou lors d'un contrôle routier est celui sur lequel pèsent toutes les vicissitudes de la société. C'est un inconnu rarement mis en valeur, parce que le politique se contente de quelques vitrines de luxe, comme le RAID ou le GIGN, laissant sur la touche la majorité de ses flics au profit de la facilité. Sursollicité autant que sous-entraîné, évoluant tant bien que mal dans des locaux souvent décatis, il dépense son énergie pour sauver les apparences. Est-il seulement en mesure, matériellement et psychiquement, de retisser un lien fort avec la population ?

Cette faiblesse risque de persister tant que la sécurité publique ne fera pas l'objet d'une réflexion de fond qui débouchera sur une forme de reconnaissance, celle des pouvoirs publics et, par ricochet, de la population. Les policiers sont demandeurs ; les citoyens ne se sentiront pas floués si l'offre de sécurité est plus pertinente, bien au contraire. Chacun y trouvera son compte, les premiers parce qu'on leur redonnera confiance, les seconds parce qu'ils se sentiront considérés, eux qui assistent trop souvent, silencieux, aux écarts de certains qui ne respectent pas la vie en société.

En poste de février 2014 à juillet 2017 à Saint-Denis, ville éminemment difficile sur le plan de la délinquance, j'ai fait de la police au mieux, avec mes effectifs et les moyens du bord. Au mieux, c'est-à-dire avec le sentiment de colmater un vieux paquebot à l'aide de rustines. Il flottait tout juste avant mon arrivée ; il flottait toujours après mon départ. Il faudrait donner à ceux qui y travaillent les moyens de faire mieux, pour eux et pour la population. La police ne peut être aimée, du moins estimée, que si elle remplit pleinement son rôle de régulateur social, de protecteur. Elle ne peut que souffrir de se voir réduite, dans l'imaginaire de certains, à l'état de simple bande rivale, ce qui est trop souvent le cas dans les secteurs marqués par une délinquance forte et virulente. Face à l'hostilité ambiante, les policiers sont forcément sur la défensive. Leur patience s'émousse devant les violences répétées, ajoutant de la tension à la tension. Il peut même leur arriver d'oublier le règlement, comme ceux que j'ai vus intervenir dans les cités difficiles sans signe distinctif, pour limiter les risques de représailles.

Ce n'est pas parce que l'environnement est dur qu'il faut lâcher sur la tenue et glisser vers des méthodes inadaptées. Se passer de consigner une intervention par écrit, cela se fait sur ces territoires aux lisières de la République, mais c'est tout de suite suspect. Ne pas écrire laisse entendre qu'on a quelque chose à cacher. Tout doit au contraire être carré, en Seine-Saint-Denis comme ailleurs. Qu'il y ait occasionnellement des « frottements », selon les mots d'un préfet de police, pourquoi pas. On n'est pas là pour faire des câlins, mais on doit rendre compte. S'il n'y a rien à signaler, c'est qu'il ne s'est rien passé. S'il n'y a rien d'écrit, mais qu'on a jeté une grenade, cela nuira immanquablement à l'image de la police.

Pour renouer avec la population, nous devons être exemplaires, même dans les endroits où l'on est régulièrement agressés. Dès lors que la hiérarchie est faible et que les anciens sont partis – comme c'est trop souvent le cas –, certains se sentent libres d'agir à leur guise, jusqu'à franchir parfois les frontières de l'interdit. Comme ce soir de l'été 2009, où une bagarre entre bandes était annoncée sur les ondes radio. Un officier arrive en même temps que moi sur les lieux, où ont déjà convergé quatre voitures de police. On boucle les accès du parc où la bagarre a été signalée. Des individus cagoulés commencent à sortir, dont je remarque aussitôt l'attirail : des tonfas et des matraques. « On est collègues, patron », annonce l'un d'eux. « Mais vous êtes qui ? – Je suis le gradé. » Je leur ordonne de se disposer en rang, de se présenter et de se mettre au garde-à-vous. Ils étaient huit, en tenue mais sans aucun écusson identifiable, venus se livrer à une sorte d'expédition punitive, en d'autres termes mettre une branlée à des voyous. Détail aggravant, ils avaient modifié les immatriculations de leurs véhicules sérigraphiés à l'aide de morceaux de Scotch, persuadés, ces idiots, qu'avoir laissé une partie de leur équipement au service les protégerait. Dans plus de 90 % des cas, j'ai été fier de mes flics. Pas ce jour-là.

Ces débordements individuels, survenus en l'occurrence dans une unité plus ou moins en roue libre, restent heureusement rares, tout comme ces flics mal lunés qui envoient les gens sur les roses toute la journée, si peu motivés par leur travail. La police est très hiérarchisée, mais il y a toujours des choses qui échappent au contrôle, parce qu'une équipe, une fois sur le terrain, est finalement très autonome. Les agissements d'un équipage défaillant, qui passerait son temps à mettre des raclées sous prétexte qu'on leur parlerait sur un ton inapproprié, rejaillissent sur le commissariat, voire sur toute l'institution. La police recrute dans tous les milieux et personne n'a mis au point le filtre parfait qui détecterait les individus respectueux des lois et de la déontologie. Le gamin de vingt-cinq ans qui passe de la PlayStation au métier de flic a les mêmes codes de langage que ceux d'en face. Mais, c'est une certitude, pour achever de balayer devant notre porte, si la police veut renouer avec les citoyens, elle doit être honnête moralement et intellectuellement.

Lors de la crise des gilets jaunes, la police a tenu bon, mais au gré de ces centaines, de ces milliers de rassemblements, il aurait été surprenant qu'aucun geste inapproprié n'ait été commis par l'un ou l'autre de ses membres. La posture de déni n'est plus de mise, d'autant qu'elle alimente les complotistes et, au-delà, cette frange d'indécis qui se laissent convaincre. Sans céder au chantage, on peut être capable de débattre, de replacer ces violences illégitimes dans leur contexte, de rappeler qu'il s'agit de comportements très minoritaires alors que l'ensemble du travail accompli mérite le respect. Je regrette infiniment que des gens aient été blessés, parfois gravement, mais dans de nombreux autres pays, dont certains servent de modèle à ceux qui nous critiquent, pas toujours en connaissance de cause d'ailleurs, le bilan humain aurait été bien plus lourd, avec peut-être des morts. Les agissements de certains gilets jaunes auraient entraîné dans d'autres pays du monde une charge de la police montée ou des policiers antiémeutes voire une riposte par arme à feu.

J'ai participé à de nombreux maintiens de l'ordre, certains difficiles. Quand vous êtes abreuvé d'insultes pendant des heures ; quand vous recevez des tirs de mortier, des boulons, des poches d'urine, d'excréments, de peinture, d'acide ; que vous assistez à des pillages, à des dégradations de masse, avec un niveau de violence inouï ; quand, sous votre casque, vous êtes une femme, un homme qui croit à l'ordre et en la société dans laquelle vous vivez ; quand vous êtes non seulement un flic, mais aussi un bon citoyen, n'est-il pas compréhensible que tant d'injustice et de mépris vous fassent bouillir ? Que cela puisse même vous emporter individuellement, voire collectivement ? Sans justifier les violences, il était possible de ramener à leur juste mesure celles qui ont été commises.

Je le redis car il est important de le souligner, la police reste l'institution la plus contrôlée et la plus sanctionnée, contrairement à ce que prétendent certains de ses détracteurs. Un flic ripou, dès lors qu'il est reconnu comme tel, paye le prix fort : radié des cadres et privé le cas échéant de ses droits à la retraite, il encourt une peine de prison. Là où la police peut progresser sur le front de l'honnêteté, c'est en acceptant ses faiblesses, ses fautes, ses écarts. Elle ne doit plus nier les évidences et doit s'abstenir de dire que tout va bien quand ce n'est manifestement pas le cas.

Au-delà de ces remises en question indispensables, une réconciliation entre la population et sa police est-elle seulement imaginable sans un effort considérable de modernisation de la justice, notre partenaire de tous les jours ? La population nous le dit sur tous les tons, excepté bien sûr ceux qui sont interpellés en flagrant délit durant les manifestations : elle souhaite voir la justice condamner à une peine appropriée les auteurs d'infractions présentés par la police. La justice manque de magistrats et de greffiers, elle est engorgée, mais cela n'explique pas tout. Lorsqu'elle n'est pas assez sévère, qu'elle ne punit pas les auteurs, d'une façon ou d'une autre, la police en subit les conséquences. Sur le plan psychique, elle développe un sentiment d'inutilité. Sur le terrain, elle encaisse le contrecoup du durcissement des délinquants, qui se jouent de l'autorité et se gonflent de leur sentiment d'impunité. C'est l'une des causes majeures de la flambée des tensions.

Dans certaines villes, la population délinquante ne pèse pas lourd, à peine quelques dizaines de personnes, que l'on connaît pour la plupart. Malgré de nombreux faits délictueux à leur actif, jusqu'à quatre-vingts parfois, certains ne passent pas par la case prison. Là où une sanction devrait tomber sans délai, ils sont convoqués un an plus tard, parfois plus, ce qui est parfaitement inadapté. La justice devrait répondre présente pour les victimes, pour la société, comme pour ces policiers qui ne baissent pas les bras, qui interpellent et interpellent à nouveau, avec souvent le sentiment d'agir en vain. La prison n'est sans doute pas la seule réponse, mais les centres éducatifs fermés nécessitent eux aussi du personnel et de lourds investissements. Il est temps de se pencher sur cette délinquance et de s'« attaquer » réellement à ces auteurs de méfaits en série, avec des sanctions pénales suffisamment dissuasives et surtout appliquées. Seule façon de faire reculer le sentiment d'insécurité.

Nos relations avec les magistrats du parquet sont relativement fluides ainsi que les échanges soutenus entre chefs de service et procureurs, mais il y a un important effort à fournir pour casser la cloison qui sépare les policiers de la justice du siège[1], en les invitant à se rencontrer dès la formation initiale, grâce à des stages. Certains juges méconnaissent parfois les difficultés de nos territoires. Loin de moi l'idée de contester leur indépendance, mais pour que la chaîne pénale fonctionne mieux, il ne serait pas superflu qu'ils approchent les réalités de notre métier, qu'ils connaissent les flics et sachent dans quelles conditions ils traitent la délinquance de masse, ou constatent de leurs propres yeux les comportements des auteurs. Dans le même élan, les policiers devraient mieux appréhender les exigences des magistrats, observer leur métier de plus près, ce qui leur permettrait de comprendre pourquoi leurs synthèses doivent être claires et précises, tant les contraintes de leurs interlocuteurs sont énormes. Chacun s'y retrouvera, j'en suis convaincu, à commencer par le citoyen.

Pour mettre plus de liant entre magistrats et policiers, on pourrait par exemple profiter de la période de formation. Les magistrats passent aujourd'hui plusieurs mois dans un cabinet d'avo-

1. La magistrature du siège est l'ensemble des magistrats chargés de rendre la justice, alors que les représentants du parquet prennent la parole debout.

cats, contre seulement deux semaines dans un service de police, en général un service spécialisé, ce que l'on peut comprendre, pour approcher les belles affaires. On ne les croise pas beaucoup dans les commissariats, qui gèrent le contentieux de masse, alors que nombre d'entre eux ont vocation à devenir des parquetiers qui traiteront tous les jours des centaines d'appels en provenance d'officiers de police judiciaire en poste, justement, dans ces commissariats.

Les relations entre police et justice ne devraient pas être un sujet de préoccupation. Or elles le sont. Je ne pense pas que la justice soit du côté des voyous, et elle n'a pas à être du côté des flics car elle se doit d'être indépendante et insoupçonnable. Beaucoup de policiers restent cependant convaincus que les juges ne sont pas assez sévères, confortés par le fait qu'ils retrouvent souvent les mêmes délinquants sur la voie publique. Mais à chaque fois que l'on creuse la question, on reste confondu par la grande méconnaissance qui persiste entre ces deux mondes, alors que la chaîne pénale devrait être totalement fluide, non pas au profit des policiers, mais, encore une fois, des victimes.

Qu'ils le veuillent ou non, les autres partenaires institutionnels de la police doivent aussi s'engager. Je pense aux douanes, au fisc, à l'Éducation nationale. Il faut stopper les dispositifs de concertation et de coordination dans lesquels la police du quotidien finit toujours seule, car ces flics exsangues et englués ressentent durement leur échec. Je pense également à l'inspection du travail, dont les agents refusent trop souvent de travailler main dans la main avec la police. Ils sont victimes d'un endoctrinement politique tellement ancré que je n'ai jamais réussi à monter une opération avec eux dans le domaine de l'économie souterraine ou sur les chantiers ; leur mission consiste à protéger les salariés, mais uniquement ceux qu'ils choisissent.

Je pense aussi aux associations et à certaines municipalités, tellement enfermées dans des postures anti-flics qu'elles s'avèrent incapables de tout partenariat avec nous. Quand un partenaire local se montre défaillant, c'est tout le chantier local qui est fragilisé, condamné à l'inertie, ce qui est le cas dans les communes dont les édiles se satisfont d'une économie souterraine prospère au prétexte qu'ils y gagnent une paix sociale de façade et espèrent gagner les prochaines élections. Le policier, aux premières loges, n'est non seulement pas dupe, mais il lui arrive de considérer son action comme parfaitement vaine. Il reprendra goût à son métier le jour où nous serons capables de traiter durablement ces délinquants, une infime minorité, connus de tous les services régaliens, qui sèment désordre, insécurité, et parfois la terreur en certains endroits. Si nous ne sommes pas capables de régler cette question, ce sera le triomphe de l'inconscience de ceux qui cherchent à mettre la police sur la touche, au ban de la République.

Retrouver notre fierté

Politique et réalité ne sont pas toujours compatibles, mais la haute hiérarchie de la police n'est pas forcément toujours en phase, elle non plus. Un jour du mois de mars 2017, alors que l'agitation monte autour d'un lycée de Saint-Denis, Suger, avec une multiplication de petits incendies en ville, nos supérieurs nous transmettent une consigne intenable : laisser faire, surtout ne pas approcher l'établissement. Une ineptie, certes, mais tous tremblent à l'idée de se retrouver avec un jeune blessé sur les bras.

Le deuxième jour, alors que j'étais le commissaire chargé du secteur, je me rends sur les lieux. J'ai une vingtaine de flics disponibles, démangés par l'idée de stopper les dégâts, c'est même à leurs yeux la moindre des choses ; les émeutiers en herbe sont une soixantaine. Je ne me vois pas rester, moi non plus, les mains dans les poches, à regarder dans une autre direction. Un gradé a observé que les lycéens se regroupaient toujours dans la même rue. Je me suis tourné vers lui : « Est-ce qu'on peut les neutraliser à cet endroit ?
– On met la BAC derrière et on ferme la rue, tranche-t-il. Et on en chope soixante d'un coup. »

Une fois les effectifs en place, je passe les ultimes consignes sur les ondes et je coupe la radio, meilleure façon de nous mettre à l'abri de contrordres venus d'en haut. Pour une fois, nous n'entendrons pas le mot fatidique, « Attente », si pratique quand on ne veut pas nous dire ouvertement « non ». La progression se déroule comme convenu et nous interpellons « proprement » les fauteurs de troubles. Je les fais asseoir en rangs dans la rue ; ils se sont fait avoir, mais ne bronchent pas, un peu surpris, certainement, de voir la police passer à l'action. Puis je rouvre les ondes pour réclamer des véhicules afin de les transporter jusqu'au commissariat.

« De quelles interpellations parlez-vous ? s'étonne l'état-major, qui découvre notre opération. Vous pouvez réitérer ce que vous venez de dire ? – De soixante lycéens. » Comme il n'y a que trois cellules au service, j'ai aussi besoin de mobiliser les commissariats voisins pour qu'ils accueillent les autres gardés à vue. Il semble cependant qu'il y ait plus urgent pour mes supérieurs, qui me somment, sur un ton glacial, de m'expliquer au téléphone. Ce que je fais.

Les auditions se déroulent normalement. Seule fausse note, ce jeune qui me montre un bleu à la fesse en prétendant avoir reçu « un coup de Flash-Ball » lors de l'interpellation ; c'est un mensonge, il en rigole lui-même, car le bleu a été occasionné plus tôt dans la journée. J'en profite pour rappeler à tous ces mineurs que leurs « conneries » ne sont pas gratuites, contrairement à ce qu'ils croient, et qu'il y a quelques règles à respecter.

Je sens que certains vont se scandaliser, on va me faire passer pour un rebelle dans la maison, mais pour le moment la procureure me garantit le soutien du parquet et envoie même deux substituts pour assurer les prolongations des gardes à vue. Pas un jeune ne se plaint, à ce stade, d'avoir reçu le moindre coup. Sauf que le lendemain, des parents d'élèves manifestent devant le commissariat, vraisemblablement manipulés par des élus locaux, dont l'un ne tarde pas à frapper à ma porte. Il se veut médiateur face à la grogne qui monte. Je lui annonce la libération imminente d'une majorité des jeunes. Si je lui donne l'heure exacte de sortie et les noms de ceux qui vont être déférés devant le tribunal, il gérera les parents, me propose ce politique : il les connaît à peu près tous. J'accepte les termes de cet échange de bons procédés.

Le lendemain, cependant, je n'y coupe pas : une énorme campagne de presse est déclenchée contre les « violences policières graves » commises à l'encontre des élèves durant leur garde à vue. Celui qui m'a montré son bleu en riant est en photo dans les journaux. Un bluff total ; les magistrats n'avaient d'ailleurs rien constaté d'anormal. Le parquet nous soutient d'ailleurs toujours, conscient que nos officiers de police judiciaire ont accompli des prouesses pour gérer soixante gardes à vue d'un coup ; le syndicat des proviseurs se fend d'un communiqué pour saluer lui aussi l'intervention de la police. Du côté de mes autorités, en revanche, silence radio, comme si mon opération suscitait une gêne persistante.

En attendant, pas une seule violence urbaine n'est signalée à Saint-Denis dans les jours qui suivent, comme quoi il suffit parfois d'outrepasser les consignes d'une hiérarchie frileuse, complètement inhibée face à de simples lycéens, pour ramener le calme. En prime, deux militants gauchistes connus de nos services ont été interpellés ; équipés de cocktails Molotov, ils cherchaient des petites mains pour semer la panique en ville, mais n'ont trouvé ce jour-là aucun volontaire. Et pour cause : nous avions fait coup double et désamorcé la haine.

La force était restée du côté de la loi et mes troupes en étaient reconnaissantes. Typiquement le genre d'opération qui permet de retrouver un brin de cette fierté d'être flic, en rompant avec la frustration née du sentiment de ne servir à rien. Quitte à nous mettre à dos nos propres supérieurs, ceux que l'on appelle entre nous les « lapins de corridors », et… une partie du corps enseignant, définitivement hostile à toute présence policière, comme je l'avais rappelé à ce chef d'établissement venu me solliciter quelques semaines plus tôt : « Vos professeurs vont faire un piquet de grève, l'avais-je prévenu alors qu'il requérait notre présence. Ils sont dans l'éducatif et fermement opposés à l'usage de la force. » Et de lui raconter ce que nous avions un jour enduré alors qu'une compagnie de CRS stationnait le long d'un lycée, aux abords de l'université de Paris VIII, fief de l'ultragauche. D'un seul coup, les policiers avaient entendu des objets tomber sur le toit d'un des camions. Des profs jetaient des projectiles depuis leur salle de repos ! Des profs en train de s'en prendre aux forces de l'ordre depuis l'enceinte même du lycée, le symbole était terrible. J'avais appelé le proviseur pour lui signifier qu'on n'entrerait pas dans le lycée pour maîtriser nos agresseurs, mais que je trouvais leur comportement terriblement pathétique.

Tout le monde ne déteste pas la police, je dirais même qu'une bonne majorité de nos concitoyens silencieux aimerait qu'elle fasse son boulot. Mais la police est parfois prisonnière d'elle-même, de ses propres chefs qui la traitent mal, paralysés par la crainte de leur propre action. Comme si elle ne devait intervenir que lorsque le risque est proche de zéro… L'administration n'assume pas. Elle ne veut pas de gaz lacrymogènes à proximité d'un lycée. Elle craint de « lâcher les chevaux », c'est-à-dire sortir les motos pour poursuivre les casseurs, donnant – en cas d'incident – à la population de nouveaux motifs pour nous détester. Et aux policiers des raisons de ne plus se regarder dans la glace.

La fierté est au coin de la rue. Il suffit de faire correctement notre boulot. Lorsque je suis tombé sur une touriste anglaise en panique en plein Paris, un 13 juillet, j'ai été fier de lui proposer de se réfugier dans notre voiture. Elle venait de subir une agression sexuelle. En patrouillant, nous sommes tombés sur un groupe de Tamouls en goguette. On a mis pied à terre et on les a serrés. La touriste a pleuré en les identifiant formellement. Longtemps elle s'est souvenue du bon travail de la police. Et nous d'avoir apporté une réponse à cette victime.

Quelle plus belle source de fierté que de rendre service à la population ? Les citoyens savent qu'ils seront couverts par les assurances en cas de cambriolage. Ce qu'ils ont du mal à accepter, c'est l'absence de réponse policière dans les secteurs concernés. Ou que la police leur raccroche au nez quand ils l'appellent. Ou qu'elle arrive trois heures après qu'ils l'ont sollicitée. Ou de se faire éconduire alors qu'ils frappent à la porte du commissariat en pleine nuit. Les gens ont la dent dure lorsqu'ils considèrent que le service public n'est pas à la hauteur, ce dont aucun policier ne saurait être fier. D'autant que l'insatisfaction est susceptible de se répandre, nourrissant la haine qui croupit, prête à déborder. Avec un impact non négligeable – les policiers étant des citoyens comme les autres – sur l'image que leur renvoie la société.

Que dire lorsqu'un commissariat, pour cause d'économies, se retrouve avec une femme de ménage de soixante-cinq ans présente trois heures le matin et qui n'a pas la force de descendre les poubelles ni de passer la serpillière. C'est humiliant non seulement pour les effectifs mais également pour cette femme ! Comment avoir une bonne image de soi quand, au lieu de nous laisser remplir notre mission, arrêter les voleurs, on nous emploie à des tâches ridicules ? Je ne citerai qu'un exemple, particulièrement éloquent. Ce jour-là, le comité d'organisation des Jeux olympiques de 2024 devait effectuer une dernière visite en Seine-Saint-Denis. Au cours d'une réunion de crise à la préfecture sont évoqués les nombreux trous dans la clôture qui longe l'autoroute A1, passage obligé de la délégation. Trous par lesquels se glissent les champions du vol à la portière, passés maîtres dans l'art d'attaquer les voitures, façon Far West, pour délester les passagers de leurs sacs à main et autres effets personnels. La DRIF (direction des routes d'Île-de-France) ne disposant pas du budget pour effectuer les réparations, ou refusant de les faire, décision est prise de mobiliser les effectifs des BAC (brigades anticriminalité) et des BST (brigades spécialisées de terrain) pour les positionner devant les béances. Présenté autrement, cela revient à faire comprendre que les policiers coûtent moins cher qu'une clôture. De quoi dégoûter plus d'un flic émérite, avec une conséquence fâcheuse : ce jour-là, les vols à la portière se sont multipliés... en ville !! Un coup de canif porté à l'estime de soi. Une raison de plus de se détester. Sans compter les rapports sociaux qui se détériorent dans les services, ces injonctions paradoxales faisant forcément perdre du crédit au chef qui les relaie.

Si nous voulons regagner notre fierté, il y a une autre urgence : reprendre la parole, communiquer, expliquer, ne plus laisser dire n'importe quoi. La police est trop souvent aphone, sauf par la voix de certains de ses représentants syndicaux, dont je fais partie. Nous aurions besoin d'une parole assumée par l'institution, visible et constante. Pourquoi les gendarmes sont-ils capables de venir aux journaux de 20 heures raconter le démantèlement d'un trafic de hamsters entre la France et la Roumanie, alors que la police ne sait pas se vendre ? En 2019, il est inconcevable de voir aussi peu de chefs de police venir s'exprimer, en tenue, devant les micros et les caméras. Le public est en attente, le lien avec la population s'en trouverait régénéré. Le pas est difficile à franchir à cause de la pression conjuguée de tous ceux qui souhaitent monopoliser la parole. Coincé entre les préfets, les procureurs, les autorités politiques, le chef de police est souvent réduit au silence, alors qu'une intervention factuelle, apportant un regard précis et professionnel, serait à l'évidence un bienfait pour sa maison et pour la population. Nos homologues le font en Angleterre ou en Allemagne, ils s'affichent en tenue à l'écran, en France c'est le vide. On ne sait même pas parler aux victimes !

Une simplification de nos forces, parfois peu lisibles, améliorerait certainement notre communication. Mais le principal verrou se situe du côté de la justice, avec une autorité judiciaire soucieuse de son pré carré. Ce serait pourtant simple de laisser le policier s'exprimer sur les faits, sans pour autant s'affranchir du secret, sans révéler d'indices, ni de noms, ni dévoiler toutes nos techniques – car il ne faut pas l'oublier, les criminels, eux aussi, sont branchés sur les médias.

Pour être sincère et ne pas tout mettre sur le dos des autres, je me dois d'admettre que trop de commissaires, d'officiers et de gradés craignent de s'exprimer devant les médias. Ils ont peur de dire une bêtise, de la question piège, d'être mis en difficulté, de prendre des coups. Les médias effraient alors que, derrière eux, il y a le grand public, qui préfèrerait entendre des professionnels s'exprimer plutôt que certains représentants peu avisés. Pourquoi ne pas mettre en place un réseau d'officiers de communication ? Voir des policiers en uniforme parler de ce qu'ils font constituerait le meilleur moyen de contrer les idées parfois totalement farfelues qui circulent sur notre compte. Filmer nos actions, comme cela se fait déjà parcimonieusement, permettrait bien souvent de prouver notre bonne foi aux yeux de la justice, si besoin devant les médias et l'opinion publique ; il faudrait pour cela dépasser le stade artisanal actuel et généraliser les caméras-piéton à tous les policiers qui agissent sur la voie publique, en installer aussi dans les voitures, comme aux États-Unis, avec des batteries qui tiennent la route, ce serait la moindre des choses. Réaliser des clips, comme le font nos détracteurs, et les diffuser, quand bien même cela nous demanderait un gros effort culturel, relèverait de la riposte proportionnée. S'exprimer dans les médias comme dans les quartiers, dans les écoles comme dans les facs, partout, nous donnerait enfin une chance de convaincre quelques indécis, et pourquoi pas retourner quelques récalcitrants. Une logique gagnante : plus la police trouvera des alliés, plus elle sera reconnue, mieux elle se portera et mieux elle pourra agir.

Les images relayées par ceux qui nous détestent, notamment lors des manifestations, visent à nous salir et à produire des martyrs. Ce sont des images de propagande, montées comme telles, avec tout le vice et la malhonnêteté nécessaires. Des bribes de réalité qu'il nous faut contrer, en montrant par exemple que le policier qui a bousculé et fait trébucher un homme venait de recevoir un sac de merde en pleine face. Sans justifier son geste, chacun comprendra l'aspect épidermique de sa réaction. Le citoyen se souviendra que sous le casque se trouvent des hommes ou des femmes susceptibles de donner le coup de matraque qui défoule après des heures à recevoir des projectiles. Ou de piétiner un masque de ski abandonné par un casseur. Cette fameuse matinale d'Europe 1 depuis le commissariat d'Amiens, le 18 janvier 2019, nous a fait du bien, dans le sens où la police a offert un visage. Chez nous aussi, on a des « gilets jaunes », des gens obligés de résider loin de leur lieu de travail, qui ont du mal à payer la nounou et à boucler les fins de mois. Les CRS ne sont pas une horde d'individus casqués suppôts de je ne sais quel pouvoir ; c'est Stéphane, Ahmed ou Caroline. Des gens biens, eux aussi.

La parole, c'est aussi celle que la police doit savoir adresser à une foule, à la rue, en cas de besoin. Parler, c'est se donner les moyens de mieux gérer des manifestants. Alerter sur l'imminence d'une charge légitime permet à chacun de prendre ses responsabilités. Geneviève Legay, militante de l'organisation Attac blessée par un policier à Nice lors d'un attroupement de gilets jaunes et abonnée aux manifestations, a soutenu qu'elle n'avait pas entendu les sommations faites avant la charge, alors qu'elle se trouvait dans un périmètre interdit. Une communication visuelle, sous la forme de signaux lumineux, à la façon d'un code maritime ou aérien, et sonore, limiterait sans doute ce genre de contestation. Ainsi avertie des mouvements policiers et de l'usage imminent de la force, la foule pacifique évitera les nasses. Elle s'épargnera en même temps de se retrouver l'otage – et le bouclier – des casseurs. Et le soir, une fois le service de maintien de l'ordre terminé, nous serons fiers de la mission accomplie.

Moderniser la communication, c'est aussi lutter sur le terrain des *fake news* à armes égales, c'est-à-dire sur les réseaux sociaux et dans les médias. Recourir aux poursuites judiciaires après coup, pourquoi pas, mais c'est généralement trop tard : le mal est fait dans l'opinion. Lorsque d'anciens ministres, des élus, des responsables associatifs, journalistes ou influenceurs relaient de fausses informations visant à salir la police, à la discréditer, le seul outil de défense est la vérité, la totale transparence le plus rapidement possible. On ne peut plus laisser dire en regardant ailleurs.

Quand un hashtag est relayé des milliers de fois en vingt-quatre heures, ceux qui prennent connaissance de l'information se disent qu'elle contient une part de vrai, surtout si elle est portée par des personnalités. Le cas d'école, en la matière, c'est l'embrasement des réseaux sociaux après le décès d'Ange Dibenesha, trente et un ans, à la suite d'un contrôle de police sur le boulevard périphérique parisien, le 28 mars 2019. La rumeur a pris corps autour de l'idée que ce jeune Noir aurait disparu pendant deux jours, littéralement « enlevé » par la police, avant d'être remis, mort, entre les mains de sa famille. Rétablissons les faits : interpellé alors qu'il slalomait sur le périphérique, fortement alcoolisé et sans permis, ce jeune homme a en réalité ingéré, lors du contrôle, une quantité de cocaïne bien supérieure à celle que son corps ne pouvait supporter – l'équivalent d'une balle de ping-pong. Pris de convulsions, il est mort d'une overdose à l'hôpital. Un décès perçu comme une aubaine par un ancien candidat à la présidence de la République, Benoît Hamon, qui a condamné la police sans l'ombre d'une hésitation, repris au vol par l'insoumis Alexis Corbière, qui en a profité pour décrédibiliser l'ensemble de notre institution. Ce qu'ils ont relayé était faux, mais c'était sans doute révolutionnaire, le grand prix du jour étant décerné sans hésitation à la chroniqueuse et militante Rokhaya Diallo, qui a dénoncé un racisme digne de celui que l'on croise dans les rues de Seattle, aux États-Unis. L'horreur, mais les fans et les bulletins de vote de la banlieue sont peut-être à ce prix !

À part sur quelques rares comptes Twitter, dont celui du préfet de police de l'époque et celui du syndicat des commissaires de la police nationale, aucune contre-offensive officielle n'a été déclenchée. Quand bien même elle n'aurait pas eu l'impact espéré, elle aurait fait la fierté de femmes et d'hommes de tous grades qui se sont sentis salis par la bile déversée gratuitement par ces personnalités. Quand on est flic, on accepte d'être critiqué, rejeté ou ignoré par ceux à qui ce métier déplait par principe ou par dogmatisme, mais être détesté sur la base de fausses informations que personne ne cherche à enrayer, c'est nettement moins bien vécu. À juste titre.

N'est-ce pas le directeur général de la police lui-même, Éric Morvan, qui soutenait que « la communication devait devenir une mission de police » ? Je souscris. La parole est trop souvent volée par des autorités diverses, alors que nous aurions tout à gagner d'une police plus populaire, simplement parce qu'on la laisserait montrer ce qu'elle est et ce qu'elle fait. Le directeur général lui-même gagnerait à être connu du grand public, d'ailleurs il l'est à peine des flics eux-mêmes. Être identifié par tous, en interne comme en externe, ne fait pas tout, mais cela peut aider. On l'a vu à l'époque où Frédéric Péchenard occupait le fauteuil. La police a besoin à sa tête d'un communicant charismatique !

Réformer la police en profondeur, une urgence

La direction de la sécurité publique pèse près de 100 000 membres sur les 145 000 que compte la police. Jeunes gardiens, officiers et commissaires y commencent pour la plupart leur carrière, dans la majorité des cas en région parisienne. Elle est pourtant l'institution la plus maltraitée, le parent pauvre, quand d'autres directions ont su conserver, sinon leur prestige, du moins des locaux dignes de ce nom. Comment ne pas y voir un manque de respect de la part de la classe politique, pour la police et ceux qui la composent ? Comment ne pas comprendre l'impact de ces conditions de travail déplorables sur nos relations avec la population, sachant que cette institution est la seule, avec l'hôpital, à être ouverte au public 24 heures sur 24 ? Le mouvement de grogne qui a secoué la police en novembre 2016 n'avait rien d'un caprice. Il était le reflet de cette misère ambiante, amplifiée par l'impression d'être instrumentalisée par la classe politique et le rejet affiché d'une partie non négligeable des citoyens.

L'État s'est toujours reposé sur le fait que la police était en ordre de marche, d'une réactivité inversement proportionnelle à ses moyens. Au siècle dernier, à mon début de carrière, on se contentait d'une Renault 19, d'une Clio et d'une moto pour lutter contre les trafics de stupéfiants et on « sortait » des affaires fantastiques. C'est notre tort d'avoir laissé imaginer qu'on pouvait y arriver, d'avoir donné l'impression à la classe dirigeante que ça ne marchait pas si mal. Mais cette page est derrière nous. Seul un plan d'envergure pourrait aujourd'hui redonner espoir – parce que, comme je l'ai dit sans détour au ministre de l'Intérieur, en l'occurrence Christophe Castaner : « on est à l'os ». L'essentiel de notre équilibre réside dans le fait que la cause – la République et la loi – reste juste. Que cette cause soit portée par ceux qui incarnent au sein du gouvernement la mission régalienne, c'est déjà énorme. Qu'ils le montrent en défendant un plan ambitieux et les policiers assumeront leur rôle, quels que soient les risques encourus et la hargne de nos ennemis. On a tous géré un jour un méchant ou un gentil, la détresse, le suicide, la mort, l'accident de la route ; même la haine, on la connaît par cœur, et elle ne nous a jamais paralysés. Elle peut évidemment nous faire peur – d'ailleurs, pendant l'année et demie qui a suivi les attentats du 13 novembre 2015, je ne me déplaçais pas sans mon arme, pour ne pas finir sous une table à appeler les secours. Pour ne pas me sentir inutile. Mais qu'on nous donne les moyens et nous continuerons à répondre présents sans faillir !

La question est aujourd'hui de savoir si la police offre un service public de sécurité à la hauteur des attentes des citoyens, ce dont je doute. Dans une société en pleine mutation, elle n'a pas retouché son modèle depuis 1966, au risque de paraître bien désuète. La France attend toujours sa police citoyenne, une police visible sur la voie publique, efficace aussi bien sur le terrain de la prévention que sur le front de la répression, une police accueillante, ouverte au public et suffisamment accessible. Une police disponible, qui sache communiquer dans la rue comme dans les médias, bref, moderne. Les citoyens savent parfaitement qu'on ne pourra jamais résorber toute la délinquance. Ils attendent en revanche que l'on réponde à leurs appels et qu'on leur parle correctement.

La première bataille a été clairement perdue au printemps 2018. Le double lobby des avocats et des magistrats s'est déployé pour dénaturer la réforme tant attendue de la procédure pénale et casser les ambitions de la direction générale de la police nationale. Cette réforme, si elle avait abouti, n'aurait pas seulement simplifié le travail des policiers, elle aurait permis d'apporter une meilleure réponse aux victimes, de traiter enfin cette délinquance de masse qui paralyse les services. En libérant les policiers de certaines contraintes, elle leur aurait permis de consacrer plus de temps et d'énergie aux victimes, aux citoyens. Or les députés qui nous ont reçus ne nous ont parlé, une nouvelle fois, que du droit des voyous, jamais de celui des victimes, pris dans le carcan de leur dogmatisme. Contribuant ainsi directement au désamour d'une partie de la population à l'égard de la police, en privant nombre de ces victimes d'une réponse concrète. Une erreur, mais certains de nos élus, parfois avocats, ne s'en soucient guère ! Ce n'est probablement pas leur intérêt de favoriser une trop grande simplification de la procédure pénale, les erreurs de procédure constituant une partie de leur fonds de commerce – ils plaident d'ailleurs plus souvent la forme des affaires (les questions juridiques) que le fond (les faits). La police n'a pas su trouver d'appuis parmi les députés, sénateurs, magistrats, avocats, au point que nos propres ministres ont fini par renoncer à ce toilettage du Code de procédure pénale, si j'en juge par cette phrase entendue dans la bouche d'un conseiller ministériel : « Ce serait un chantier de plus de deux ans, peut-être trois, vous n'y pensez pas ! »

L'espoir tant attendu d'une simplification s'est transformé en désillusion. Il y avait pourtant urgence. Lorsque j'ai démarré ma carrière, en

1995, je savais rédiger un procès-verbal de garde à vue sur papier libre, ou tout autre acte de procédure. J'en serais aujourd'hui incapable, comme tous mes collègues. La procédure est tellement complexe que les risques de commettre une erreur sont trop importants. Le moindre délit assorti d'une garde à vue implique des heures de travail, des dizaines de pages à produire, plusieurs policiers mobilisés, pour des suites souvent connues à l'avance : une remise en liberté avec convocation par un officier de police judiciaire, dans le meilleur des cas une audience des mois plus tard. Si on laisse de côté le sentiment de lassitude qui gagne le policier, inquiet sur son efficacité, les victimes sont bien les premières touchées par cette paralysie. Et en même temps les oubliées du législateur, qui ne se penche pas sur les outils qui pourraient leur donner un début de réponse pénale, alors qu'il multiplie les garanties pour la « protection » des auteurs d'infractions. Comme si les voyous étaient malmenés dans nos services...

On attend beaucoup de la sécurité publique, trop sans doute. Le quinquennat en cours lui a donné pour mission de développer une nouvelle branche, appelée police de sécurité du quotidien (PSQ). On constatera sans doute au fil des mois d'excellentes initiatives locales, un début de déconcentration plus qu'utile, des efforts de certains partenaires locaux, mais sur le plan national, l'échec n'est pas loin à l'heure où j'écris ces lignes.

Les dispositifs successifs voulus par les nouvelles majorités politiques ne se sont-ils pas essoufflés les uns après les autres ? Tous ont fortement affecté la sécurité publique, sommée de rendre des comptes encore et encore. À chaque fois, la priorité du moment efface tout ce qui s'est fait avant, jusqu'à épuisement... Et si on prenait des mesures plus radicales ? Et si on débarrassait définitivement et complètement les policiers des sempiternelles tâches indues ? Il n'est plus acceptable de faire le travail d'autres administrations ; il n'est plus compréhensible de détourner le policier de son métier. La classe politique doit cela à la police nationale. Le régalien, rien que le régalien. Alors qu'on établit des documents autrement plus importants par Internet, pourquoi imposer aux commissariats de traiter la question des procurations à chaque scrutin électoral ? N'est-il pas absurde et contreproductif de faire attendre les policiers des heures dans les hôpitaux pour l'obtention d'un simple certificat de non-admission pour un gardé à vue, au détriment de ses capacités opérationnelles ? Le médecin ne peut-il pas se déplacer dans les services, tout simplement ? Sommes-nous voués à faire le planton, le service d'ordre, pour des événements semi-privés, festifs ou sportifs ? Les partenaires municipaux ou privés ne peuvent-ils pas assumer ces missions ?

Et si on soulageait également cette sécurité publique de sa mission judiciaire au profit d'une grande direction de l'investigation ? Cela permettrait de dessiner le commissariat du futur comme un lieu décloisonné, où serait privilégié le travail d'équipe, au détriment des espaces de confidentialité imposés par les nécessités de l'enquête ou la sécurité des personnes gardées à vue. Un commissariat capable de projeter des équipes en prévention là où c'est nécessaire, en répression pour lutter contre les phénomènes délictuels, avec des cycles horaires adaptés à la fois aux réalités de la délinquance et à la vie privée des agents. Avec le même esprit « maison », de l'emploi-jeune « agent de sécurité » (ADS) au commissaire, le tout pour mieux répondre aux demandes du public, qui réclame une police visible et disponible.

À côté de cette police de sécurité publique, une direction de l'investigation couvrirait tout le spectre judiciaire, de la petite affaire au crime organisé, de la délinquance locale à la criminalité transnationale, en passant par la moyenne délinquance. Cette grande direction, englobant l'actuelle police judiciaire et les services d'investigation de la sécurité publique (qui gèrent aujourd'hui 80 % du volume total des affaires), serait en mesure de traiter les particularismes locaux, cette délinquance propre à certains territoires, ici le trafic de drogue, là le proxénétisme, là encore les vols à la portière, avec un seul gagnant, en dehors des policiers eux-mêmes : les citoyens. Elle aurait en effet les moyens d'imposer un pilotage uniforme et homogène, là où de nombreux services restent trop souvent en concurrence frontale. À l'échelon local (zone ou département), il n'y aurait plus qu'un patron ayant autorité sur tout le monde, avec sous ses ordres un chef de la filière « paix et ordre public » et un autre pour l'investigation. De quoi rendre le commissariat du futur plus accessible, de quoi surtout le mettre vraiment au service des plaignants.

Ce qui manque, généralement, aux responsables politiques pour redessiner ainsi la police, c'est à la fois l'ambition et le temps. La première marche à franchir demande aussi du courage et une certaine vision puisque, à l'image de ce qui se passe chez plusieurs de nos voisins, il nous faudrait mettre sur pied une formation initiale partagée par tous les corps. Au sein de cette nouvelle académie de police, gardiens de la paix, officiers et commissaires cohabiteraient ; probablement l'une des meilleures façons d'abattre nos sempiternels cloisonnements. De quoi créer les conditions d'une véritable remise en cause de l'architecture même de la police, histoire d'en finir avec ces tuyaux d'orgue qui communiquent si peu entre eux. Sera-t-elle organisée au niveau du département, de la zone, de la région ? Une chose est sûre, à chaque niveau il ne devrait y avoir désormais qu'un chef, chargé de coordonner le tout, sécurité publique, investigation, ordre public et renseignement. Un décideur unique, seul interlocuteur des autorités, seul responsable également.

La population n'y verra pas seulement plus clair ; elle ne sera pas seulement bien reçue ; elle appréciera forcément d'être mieux informée des suites d'une plainte ; elle ne pourra que se féliciter de voir sa police mieux armée face aux phénomènes criminels qui l'inquiètent et parfois transforment sa vie en cauchemar. Car cela va de pair : des flics qui retrouvent le sens du métier sauront mieux désamorcer toutes les haines, à défaut – ne rêvons pas – de les juguler.

Cette grande réforme prendrait des années, mais le simple fait de savoir qu'elle est programmée redonnerait de l'envie à tous. L'enclencher sonnerait comme un signal fort, en particulier aux oreilles des femmes et hommes qui forment la sécurité publique. La crise qui touche aujourd'hui la filière « investigation » serait dépassée, avec de nouveaux débouchés professionnels et géographiques pour ses membres et de gros renforts, plusieurs milliers d'enquêteurs en plus. De quoi traiter toutes les formes de la délinquance, les plus crispantes, celles qui se produisent en bas de chez soi comme les plus organisées, le trafic de stupéfiants ou d'armes, les filières clandestines de l'immigration ou les menaces extrémistes.

Faut-il aller chercher du renfort du côté de la gendarmerie ? La maison cousine, même si elle fait face à ses propres difficultés, affiche un modèle plus simple et plus homogène. Avec 100 000 hommes et femmes ainsi que 30 000 réservistes, elle gère environ 20 % de la délinquance, soit un ratio bien moins élevé, en outre dans des zones moins denses et nettement moins difficiles. La juxtaposition de deux forces, police et gendarmerie, est-elle tenable dans la France de 2019 ? Notre offre de sécurité intérieure est-elle pertinente face aux menaces, de la pression migratoire à l'économie souterraine, en passant par le terrorisme djihadiste ? La France est au-dessus de la moyenne européenne si l'on s'en tient au nombre de membres des forces de l'ordre par rapport au nombre d'habitants, mais la question de leur répartition se pose sérieusement. Non pour le confort des policiers et des gendarmes, mais, encore une fois, pour offrir aux citoyens le niveau de sécurité qu'ils attendent. Peut-on se permettre le luxe de voir les gendarmes continuer à créer des structures qui font doublon avec celles de la police pour tenter de se diversifier, sur fond de concurrence stérile et coûteuse ? Difficile à admettre, avouons-le, quand on constate le niveau de saturation d'une sécurité publique exsangue, notamment dans un département comme la Seine-Saint-Denis, tandis que des zones rurales entières sont totalement abandonnées.

Il sera toujours temps, une fois la police remise en état de marche, de reprendre le débat sur la création d'une force de sécurité intérieure unique, selon le modèle en vigueur dans la plupart des pays européens. Outre les économies d'échelle considérables que permettrait ce rapprochement entre police et gendarmerie, le gain sur le plan de l'efficacité opérationnelle serait énorme. L'offre géographique s'en verrait décuplée, ouvrant aux policiers des perspectives de carrière dans des secteurs moins sous pression, et permettant aux gendarmes, qui sont demandeurs, de se rapprocher des agglomérations avec conjoint et enfant(s). L'addition des deux entités donnerait naissance à une force de 250 000 membres, soit un ratio tout à fait suffisant pour 70 millions de Français.

La seule façon d'améliorer l'offre de sécurité s'imposera tôt ou tard, quand on réalisera qu'il est coûteux pour le contribuable et inutile d'entretenir deux unités cynophiles, deux unités équestres, deux forces d'intervention... qui se superposent. Mais nous n'en sommes pas là, les intérêts des deux forces n'étant pas immédiatement compatibles, c'est peu de le dire[1]. En attendant, si l'on se concentre sur l'indispensable réforme de la police, le premier obstacle à franchir est le temps

1. Héritière de la maréchaussée, chargée à l'origine de contrôler les gens de guerre, la gendarmerie a depuis le XIIIe siècle compétence sur tout le royaume, à l'exception des villes. Les racines de la police remontent au premier chevalier du guet créé par Saint-Louis en 1254, chargé d'assurer la sécurité de Paris la nuit ; Colbert intronisera la lieutenance de police en 1667, la première police en uniforme sera créée en 1829, en attendant l'institution de la police nationale dans toutes les villes de plus de 10 000 habitants, le 23 avril 1941.

politique. Un ministre de l'Intérieur reste en moyenne deux ans en poste, quand ce n'est pas moins, avant de changer de portefeuille. Il entend laisser une petite trace derrière lui, pas forcément une grande. Les préfets passent vite, eux aussi, les yeux rivés sur le poste suivant en espérant avoir misé sur la bonne écurie. Or un plan d'envergure demandera des années. Il exigera du politique une forme d'abnégation, et du ministre qu'il ne se rêve plus en premier flic de France, comme c'est parfois le cas. C'est à ce prix que les policiers garderont une vocation que trop d'entre nous perdent en chemin, faute de se sentir utiles. À ce prix que la « maison » continuera de faire rêver les nouvelles recrues.

JE NE SUIS PAS DEVENU FLIC POUR ÇA

Ma vocation tenait en quelques mots : interpeller des voyous. Je n'avais aucun parent ni ami dans cette profession, et pourtant, depuis l'âge de quatorze ans, je voulais être flic, terme que je ne considère absolument pas comme péjoratif. Les années d'études et un DEA de droit auraient dû me conduire à viser le concours de commissaire. Mes parents m'y poussaient, mais je ne savais pas trop ce qu'était un commissaire. Je voulais être inspecteur, mener des enquêtes, des filatures, chasser les voyous, de cela j'avais une certaine idée. J'avais soif de justice, ou plutôt de contribuer à lutter contre ce qui n'est pas juste, les délinquants, les voleurs, les escrocs, les trafiquants, les violeurs...

À dix-sept ans, je me souviens d'avoir plaqué un type qui courait dans notre résidence ; il essayait d'échapper à un flic, qui lui a passé les menottes sur-le-champ. À la même époque, je suis tombé un soir sur une fille visiblement choquée, prostrée sur un quai de métro parisien. « On a essayé de me violer », m'a-t-elle dit en décrivant un type en survêtement. J'ai couru vers la sortie où j'ai aperçu un mec en train de décrocher son vélo. Il s'est mis à courir en me voyant. Je me suis lancé à ses trousses, avant d'être distancé – je portais des chaussures de ville. « Si je t'attrape, t'es mort », ai-je lancé. J'ai finalement appelé les secours et massacré le vélo, avant de retourner auprès de la victime...

J'ai eu la chance, en raison de mon classement, de pouvoir choisir à l'issue de ma formation une brigade de stupéfiants, que j'ai par bonheur intégrée avec plusieurs copains de promotion, à qui j'avais donné le tuyau. Mon rêve, à défaut d'être celui de mes proches, qui craignaient que je ne passe plus jamais de concours. Les plus mal classés ont pu cocher la case et nous nous sommes retrouvés entre amis, des gars solides, rugbymen comme moi, qui avaient les mêmes envies que moi – nous sommes trois, depuis, à être devenus commissaires.

J'ai eu une enfance facile, dans un milieu agréable, j'étais un tendre, un petit-bourgeois, même si j'avais quelques années de rugby au compteur, dont quelques-unes à un bon niveau (nationale B). Mon premier souvenir de flic, c'est cet ancien, un capitaine expérimenté, qui m'interroge à l'heure du café sur mon parcours et sonde mon état d'esprit. Prétextant le dépôt d'une convocation, il m'embarque dans sa voiture et me conduit jusqu'à Trappes. C'est jour de marché. Il enchaîne par une visite guidée dans les cités, avec présentation des points de deal. Sur le chemin du retour, il m'observe avec un sourire en coin, en glissant que cela devait me changer de ma vie parisienne. Il n'avait pas tort et venait de m'ouvrir les yeux sur ce métier qui allait m'apprendre la vie et me permettre de nouer des liens indéfectibles avec quelques collègues. Et cela alors que je n'étais dans la maison que depuis trois jours.

Ces années-là, entre 1995 et 2000, j'ai fait ce pour quoi j'étais devenu flic, dans des conditions idéales. J'ai connu l'ancienne police, dans le bon sens du terme. Des hommes malins et rusés. Je risque peut-être de passer pour le vieux con qui dit que c'était mieux avant, mais je crois que je suis simplement lucide : cette police déroulait son savoir-faire plus facilement, avec la dose d'audace et de filouterie nécessaire. Elle se permettait de courir après les bandits, certains de grosse envergure, de les coincer, de s'arranger avec les magistrats pour aller au but : éliminer les voyous du jeu. Quand on démantelait un trafic, les successeurs ne se tiraient pas aussitôt dessus pour savoir qui prendrait la place ; aujourd'hui, tout est à refaire après quelques heures, tellement le deal s'est enkysté.

Les voyous, en face de nous, avaient en commun la peur de la police, une vraie crainte de notre brigade, réputée pour ne pas rater ses cibles et pour sa capacité à les mettre « au frais ». Les premières heures de garde à vue, chacun se jaugeait, se craignait, se respectait finalement. Quand le trafiquant comprenait qu'il était foutu, qu'il allait « plonger », il négociait, dialoguait. Combien de fois suis-je allé chez l'un de ces voyous pour lui rendre service, récupérer des vêtements ou un peu d'argent pour qu'il ne se retrouve pas en prison à poil et les poches vides à l'heure de cantiner ? Je le faisais à la confiance. Je n'étais pas entré dans la police avec la haine du délinquant. Eux m'accordaient aussi du crédit, sinon ils ne m'auraient jamais dit où ils dissimulaient les économies que nous n'avions pas trouvées lors de notre perquisition. Combien de fois ai-je créé les conditions, aussi, d'un ultime rendez-vous avec la copine ou l'épouse, pour un dernier moment intime avant l'incarcération ?

Syndrome de Stockholm inversé ? Les voyous nous tenaient-ils sous leur joug ? Je crois simplement que les rapports entre eux et nous étaient sains, à l'époque. Peu importait ces petites concessions, tant que cela fonctionnait. Tous ceux qui croient qu'en ayant réformé en permanence le Code de procédure pénale, pour protéger les droits des auteurs, voire les auteurs eux-mêmes, contre les affreux policiers – laissant entendre que se retrouver en garde à vue, c'était risquer la torture et un traitement inhumain –, tous ceux-là ont spolié la société, les victimes, en un mot les Français. En 2019, le policier se retrouve avec entre les mains un Code de procédure pénale pareil à une encyclopédie mal ordonnée, tellement indigeste que même les services antiterroristes manquent de candidats pour pourvoir les postes vacants. Le voyou, lui, est surprotégé par un régime qui n'est plus inquisitoire, et pas encore accusatoire, avec en prime les inconvénients des deux systèmes. Quant à la victime, elle n'obtient que trop rarement une réponse aux faits dont elle a pu souffrir.

Non, je ne suis pas devenu flic pour assister à ça. Pas davantage pour entendre un chef ordonner à ses effectifs d'aller démonter des tentes sous un pont autoroutier, sous prétexte qu'on est sur l'espace public ; ces missions relèvent du 115, de ceux qui gèrent la misère sociale, pas de la police. En plus, avec ce genre de missions indues, on se met tout le monde à dos, surtout quand on agit sans véritable cadre légal. Tout cela pour satisfaire à la commande politique.

La haine peut être la rançon du travail bien fait, mais je ne suis pas devenu flic pour entendre les voyous, petits, moyens et gros, nous abreuver d'insultes, manier la menace et nous provoquer. Non seulement il n'y a rien à en tirer, mais il faut les surveiller comme le lait sur le feu. En garde à vue, ils sont capables de tout, agresser bien sûr le policier à portée de main, tenter de s'évader, mettre le feu à la cellule, et pourquoi pas se mutiler pour se faire hospitaliser. Quand je rendais service à leurs aînés, ceux-là nous font vivre un véritable enfer. La phrase qui revient souvent dans la bouche de celui qui apprend qu'il va être déféré, et sans doute écroué, en l'occurrence à la maison d'arrêt de Villepinte, c'est celle-ci : « M'en tape, la zonzon [prison], c'est la cité sans les meufs. » Tout est dit. Ni le flic, ni le juge, ni même la prison ne l'ébranlent. Le mal est profond, d'autant que lorsqu'ils sont remis en liberté, il faut bien en convenir, ils sont pour la plupart pires qu'avant leur incarcération. Rares sont ceux qui basculent brusquement dans la maturité et font le choix d'une vie professionnelle et familiale, ce qui se comprend quand on sait que ceux qui font le guet, près des points de vente de stupéfiants, touchent 80 à 100 euros par jour, nets d'impôts – plus le kebab –, avec le sentiment jouissif d'appartenir à une organisation.

Il y a vingt ans, quand on interpellait une vingtaine de multirécidivistes de quinze à dix-neuf ans dans une cité, les mères nous remerciaient. On arrivait encore à apporter de l'air à un quartier. Aujourd'hui, les structures criminelles sont tellement tentaculaires que plus personne n'oserait saluer le travail de la police. Au point que je n'ai pu que sourire lorsque j'ai vu ce collègue, un costaud de cent cinquante kilos, se déplier pour sortir du véhicule après avoir essuyé les insultes d'un petit caïd qui venait de cracher sur son pare-brise. « Nique ta mère ! » venait de lancer le garçon avant de se décomposer en découvrant le gabarit du policier, qui l'a soulevé en un quart de seconde et s'est servi de lui comme d'un essuie-glace pour nettoyer la vitre. L'autre est parti la tête basse, complètement déstabilisé de voir soudain l'intimidation changer de bord.

Il arrive à un flic de craquer. Quand il est à bout, à la fin de la journée, il peut coller une baffe à un mec qui le traite d'« enculé » depuis des heures. Cela m'est personnellement arrivé, par exemple le jour où j'ai giflé un garçon qui avait organisé une tournante dans la cave de sa cité après avoir dragué une fille à la sortie de la gare RER. Son père s'était mis à genoux dans mon bureau quelques instants auparavant pour me prier de le laisser seul, deux minutes, dans une pièce avec le violeur de sa fille ; une concession impossible, mais devant la morgue de ce gars, je n'avais pas retenu la mandale. Pas facile de rester serein quand on se retrouve face à de tels spécimens, mais le mieux serait bien sûr de ne jamais en faire un combat personnel. Le jour où j'ai voulu mettre une gifle à un trafiquant de drogue qui persistait à se moquer de nous, s'obstinant à dire qu'il habitait Marseille alors qu'on l'avait « logé » à Paris, mal m'en a pris : le gars a baissé la tête et c'est Thierry, mon collègue, qui l'a prise, avant de lâcher, l'effet de surprise passé, un sonore « Putain, tu fais chier ! » La jeune fliquette qui nous avait ouvert la porte de son poste, gare de Lyon, a paru très gênée. Le gars, lui, se doutait certainement qu'il allait en prendre deux.

Non, je ne suis pas devenu flic pour encaisser la haine dogmatique de communautés entières, ces meutes qui chantent en chœur : « Tout le monde déteste la police ! » Ou : « Flic suicidé, flic à moitié pardonné. » C'est d'autant plus insupportable qu'on aime son métier, que l'on a choisi pour protéger la société, pour secourir, pour maintenir l'ordre public, pour servir. Tout ça pour se retrouver face à une population qui se retourne contre sa police après l'avoir enlacée, brièvement il est vrai, après les premiers attentats de 2015. Une population qui a tendance à nous voir comme la police de tel ou tel président, une police servile, alors que nous sommes tout simplement une institution républicaine.

Je suis entré dans la police pour exercer une mission noble, pas pour voir des concitoyens ravis de faire un selfie un samedi sur les Champs-Élysées devant le Fouquet's en flammes. Ni pour voir un collègue commissaire reconnu par des manifestants gilets jaunes à Rouen, alors qu'il était en repos, obligé de se réfugier dans un commerce pour échapper au lynchage, avant d'appeler du renfort. Ou cet autre collègue, un certain JD, toujours sur les Champs-Élysées, obligé de sortir son arme pour tenir en respect une foule hostile, avec un incroyable sang-froid au demeurant. Du jamais vu face à ce type de population, mais il en allait sans doute de sa survie. Quand la violence s'exprime, dans la rue comme dans la sphère privée, notre métier consiste à y faire face.

Avant, le flingue servait pour l'esbroufe, aujourd'hui on fait trop souvent face à des tarés prêts à arroser la police après avoir perpétré un casse et volé trois mille euros, comme dans un jeu vidéo. Écraser un flic ne leur fait plus vraiment peur. Le lyncher à la faveur d'une manifestation non plus.

Nous sommes dépositaires de la force et n'avons pas à rougir de la façon dont nous avons géré la crise des gilets jaunes, à flux tendu, avec des commissariats mobilisés plus de quarante-cinq samedis d'affilée, forcément au détriment de la lutte contre la délinquance. Je vois déjà venir les chefs qui demanderont des comptes à leurs troupes, exerceront des pressions plus ou moins claires pour réclamer une amélioration des indicateurs du service, au risque de tendre encore les relations avec une base qui n'a pas à endosser ces mauvais résultats.

Les gens ont besoin de nous, mais nous donne-t-on toutes les clefs pour réussir ? Je n'en suis pas certain, surtout dans les coins où les effectifs ont été tellement rabotés qu'on arrive à l'os ; je pense à Dreux, Grenoble ou Toulouse, villes sous-dotées, presque sacrifiées. Notre modèle est trop rigide, il doit impérativement évoluer, au nom de valeurs républicaines partagées. Sans polémique aucune : j'adore ce métier, l'un des plus beaux du monde, que tant de personnes veulent salir. Le flic peut secourir les gens. Les sauver. Les aider. Les protéger. Les accueillir. Les rassurer, leur parler, les réconforter. J'ai fait tout cela au cours de ma carrière. Chaque flic fait ça au quotidien. C'est notre grande fierté. Je n'oublierai jamais les yeux de cette jeune femme agressée sexuellement, en pleurs, dont j'ai poursuivi l'agresseur ; ceux de ce professeur dépressif qui voulait sauter dans le vide et qu'on a rattrapé à plusieurs, après des heures de négociations ; ceux de Yann, secouru par les siens alors qu'il était entre la vie et la mort ; ceux de ce trafiquant lorsqu'il nous a vus surgir du box voisin du sien, dont il venait d'ouvrir la porte pour récupérer cent cinquante kilos de cannabis ; ceux du collègue arrivant au domicile de ses parents, qui avaient choisi de mettre fin à leurs jours, ensemble, dans un dernier geste d'amour ; ceux des collègues le jour des obsèques de Carlos, l'un des leurs ; ceux de mon collègue Olivier, aujourd'hui capitaine, un gars calme et réfléchi, au moment où je venais de taper tellement fort sur le pare-brise arrière d'un automobiliste qui ne voulait pas s'arrêter... que mon poignet était passé au travers, occasionnant quarante points de suture.

Qui mieux qu'un flic peut prétendre connaître la société, ses bonheurs, ses peines ? Les pompiers, les urgentistes, les secouristes partagent cela avec nous, et nous avec eux. Pour ces raisons, l'État devrait prendre davantage soin de sa part régalienne.

Je rêve d'une police considérée par l'opinion publique (et pas seulement par une approbation silencieuse) et prise en compte par une classe politique qui aurait enfin compris qu'elle ne tiendra pas grâce au seul bon vouloir de ses membres. Les policiers sont aujourd'hui dans le chaudron, sous le feu des critiques, contestés jusque dans leur essence. Ils ne peuvent attendre que se produise une série de graves attentats pour qu'on prenne en catastrophe la décision de leur attribuer à chacun un gilet pare-balles correct...

Je suis devenu flic parce que je crois en l'État. Comment certains bourgeois en viennent-ils à détester l'État, dans ce pays où l'amortisseur social (et les aides qui vont avec) n'est pas un vain mot, où l'éducation et la santé sont gratuites ? Ceux qui haïssent la police républicaine veulent la mort des règles de la vie en communauté et des institutions que nous défendons. Si la mauvaise foi était réprimée, je ferais volontiers un flagrant délit comme je les aime !

En écrivant ce livre, j'ai pensé particulièrement à Eric, Titi, Daniel, Mammouth, Bébert, Olivier, Philippe, Stéphane, Éric D, Nicole, Doudou, Julien, Olivier, Pierre, Juju, Sergio, Robert, HP, Mathieu, Nelson, Serge, Émilie, Christophe, Marie, Anouck, Alain, Maud, Manu, Émilie T, Claudine, Coralie et Yann, Samia, Vincent et Hervé. Je leur dédie ces écrits, ainsi qu'à tous ceux que je ne peux pas citer. Ensemble, nous avons sauvé des vies, interpellé des délinquants, protégé des innocents avec les moyens qu'on nous a donnés, pas toujours suffisants, loin de là.

Table

DEUXIÈME PARTIE

AUTOPSIE D'UNE IDÉOLOGIE DE LA HAINE

TROISIÈME PARTIE

LA POLICE EN OTAGE

QUATRIÈME PARTIE

POUR EN FINIR AVEC LA HAINE

Composition Nord Compo
Impression CPI Bussière en novembre 2019
Éditions Albin Michel
22, rue Huyghens, 75014 Paris
www.albin-michel.fr
ISBN : 978-2-226-44493-6
N° d'édition : 23691/02 – N° d'impression : 2048803
Dépôt légal : novembre 2019
Imprimé en France